좋은 것으로 만족하며 삽니다

KB189908

특별히 _____ 님께
이 소중한 책을 드립니다.

좋은 것으로
만족하며 삽니다

굴곡진 삶을 살면서도 절망과 좌절을 이겨내다

신명호 지음

나침반

어느 날... 듣지도 못하고 생각하지도 않았던 하나님이, 찾지도 부르지도 않았지만 내게 찾아오셨다. 가진 것도 배운 것도 내 놓을 만한 것도 그다지 많지 않았음에도...

처음에는 거절도 하고 외면도 하고 불평도 하면서 하나님을 멀리했지만 여전히 하나님은 나를 사랑하셨다. 그리고 나에게 예수 그리스도를 통해 기대하지도 않고 생각지도 못한 영원한 생명을 주시고 내 삶을 윤택하게 해주셨다.

나는 그 하나님이 너무 고마워서, 그리고 힘들게 살아가는 이웃들에게 그 하나님을 소개해, 그 복을 함께 누리고 싶어 이 글을 쓰게 됐다.

이 글은 나의 삶에서 역사하신 하나님에 대해, 내가 깨달은 하나님의 말씀과 함께 나누었다.

그리고 일기처럼 구체적으로 쓰면서 잊혀져가는 옛날 우리의 추억도 나누었다. 그러므로 이 책으로 인해 한사람이라도 예수 그리스도를 믿어 구원받는 사람이 생기길 간절히 기도한다.

나와 함께 그 어려운 역경의 시간들을 기꺼이 함께해준 아내 고미자 권사, 아이들(원교, 인교, 은혜)과 부모님과 형제 그리고 나의 영적 멘토이신 목양교회 박종수 목사님께 감사한다. 이 모든 것은 하나님의 은혜임을 고백하며 하나님께 영광을 돌린다.

주님께 큰 은혜 받은 자

신명호

목차

1

준비한 것이 누구 것이 되겠는가?

나는 1965년, 충청북도 충주의 작은 마을에서 5남매 중 5째로 태어났다. 오래 전이라 기억나는 것이 많지는 않지만 전기 없는 시골이라 밤에는 작은 호롱불을 항상 켰고, 겨울에는 추운날씨에 문고리가 손에 붙어 떨어지지 않았던 것은 분명히 기억이 난다. 겨울엔 엄동설한이 찾아왔고 봄이 되면 개구리 울음이 온 동네에 어딜 가든 들리는 그런 시골이었다.

그 작은 마을에서의 삶 중 유난히 기억에 남는 것 중 하나는 담배농사다. 지금과는 다르게 시골의 많은 집들이 담배농사를 지었다. 첫 담배를 따는 날엔 시루떡을 건조실 아궁이 앞에 놓고 제사를 드리듯 무언가 이야기를 하며 술을 붓고 절을 하는 모습이 해마다 반복되곤 했다. 매년 추수마감이 되면 지붕 밑에나 장독에 밥을 한 그릇씩 떠놓고 비는 것이 일상이었고, 초겨울이 되면 산 속 나무에 금줄을 쳐 놓고 떡과 술을 가져가고 가끔 굿판도 크게 벌였다.

그럴 때마다 어린 마음에 '일은 어른들이 열심히 해놓고 누구한테 저렇게 열심히 비시지?'라는 생각을 하곤 했는데, 이후 자라면서 신앙을 갖게 되며 비록 종류는 다르지만 인간이라면 누구나 가지고 있는 비슷한 마음이라는 것을 이해하게 되었다. 그러나 정말로 중요한 것은 자신의 기대를 투영해 어떤 것이든 믿으면 되는 것이 아니라 이 많은 은혜를 허락해주시고 삶을 허락해주신 진짜가 누구인지를 알고 그분에게 기대는 것이다.

> "하나님은 이르시되 어리석은 자여 오늘 밤에 네 영혼을 도로 찾
> 으리니 그러면 네 준비한 것이 누구의 것이 되겠느냐 하셨으니"
>
> – 누가복음 12:20

성경에 있는 말씀이 나와 있다. 결국 우리 인생은 언제 어떻게 될지 모르기에 하루 빨리 우리에게 이런 복을 허락하신 분을 찾고, 그분의 명령을 따라 사는 참된 행복을 찾아야 한다. 나 역시 교회에 나가고 성경을 보기 전까지는 그 답을 몰랐고, 무엇을 어떻게 해야 하는지도 몰랐다. 그래서 지금이야 당시를 이렇게 소회하지만 그 이후에도 꽤나 오랫동안 하나님을 알지 못하는 삶을 살았다.

어느덧 초등학교에 들어갈 때가 되었고 큰 누나가 손을 잡고 학교에 데려다주었다. 그런데 어찌나 학교가 멀리 있는지 첫날 가는 도중 너무 힘이 들어 학교를 다니고 싶지 않다는 생각을 했다. 그러나 입학식 때 명찰을 가슴에 달아주던 누나의 손길은 지금도 생각이 난다. 날 때부터 몸이 계속 아팠던 나는 초등학교 입학을 한지 얼마 안 되어 학교를 나가지 못하는 상황이 되었지만 다행히 건강이 조금씩 회복되어 1년 뒤에 재입학을 할 수 있었다.

몸이 안 좋았던 나는 매일 저녁마다 아버지에 등에 업혀 지냈다. 엄마도 계셨고 위로 누나들과 나이가 제법 차이나서 아마도 동생인 나를 많이 업고 다니고 돌봐주었을 텐데, 아버지까지 매일 밤 나를 업어주셨다는 것은 그토록 내가 몸이 좋지 않았기 때문이었던 것 같다. 그래도 나이가 들며 조금씩 나아져서 두 번째 입학부터는 학교에는 계속 다닐 정도는 되었다.

당시 집안 사정도 원체 어려워 단돈 10원 없어 연필이나 다른 학용품을 사려면 이웃집에서 돈을 빌려와야 살 수 있었다. 하루는 연필이 없어 엄마한테 연필 값을 달라고 하니 돈이 없다고 그냥 가라고 하셨는데, 단돈 10원 짜리 한 장이 없어 연필도 못 사고 학교에 가는 게 서러워서 너무 눈물 콧물 빼면서 바닥에 주저앉아 울었다. 철없는 어린 아들의 모습을 보며 가슴이 더욱 쓰렸을 엄마는 크게 혼을 내시며 빨리 학교에 가라고 나무라셨다. 모르긴 몰라도 내가 간 뒤에 혼자서 눈물을 훔치셨을 것 같다.

그날 학교에 어떻게 갔는지… 농번기라 여기저기서 논과 밭을 가는 소를 모는 구성진 소리가 들렸는데 항상 즐거웠던 그 소리들이 그렇게 짜증나게 들렸던 것은 처음이었다.

며칠 뒤 어디서 구하셨는지 엄마가 새 연필을 건네주셨다. 들뜬 마음으로 학교에 갔는데 갑자기 선생님께서 화가 난 목소리로 수업 중에 나오라고 부르셨다. 나는 영문도 모른 채 교탁 앞으로 나가 멀뚱히 서 있는데 선생님이 대뜸 매를 때리기 시작했다. 나중에 알고 보니 친구가 내 연필이 샘이 나서 자기 연필을 내가 가져갔다고 말한 것이었다.

나는 내 연필을 다른 친구가 훔쳐가도 말도 못하는 바보인데… 연필을 자주 잃어버려 엄마한테 꾸중은 들어도 정작 훔친 친구한테 아무 말도 못하는 나였다. 그러니 남의 것을 훔친다는 것은 생각도 못할 일이었다.

나는 선생님께도 아무 대꾸도 못하고 얼굴만 붉힌 채 교실 밖 복도에서 무릎을 끊고 손을 들고 있었다. 지나가는 선생님들까지 꿀밤을 주고 갔다. 어린 맘에 선생님이 한 번이라도 "정말 네가 훔친 것 맞니?"라고 말해줬으면 아니라고 말이라도 했을 텐데 먼저 입도 못 떼는 나였기에 억울함보다도 말 한 마디 시원하게 못하는 바보 같은 자신에게 너무 화가 났다.

이런 일들이 빌미가 되어 나는 어느새 아이들의 목표가 되어 있었다. 크레파스나 색연필 같은 학용품도 거의 대놓고 친구들이 훔쳐가 항상 헌 것만 사용해야 했다. 물론 그러면서도 한 마디 말도 못하고 꾹꾹 참기만 했다.

한번은 새로 산 고무신을 잃어버리지 않으려고 앞부분에 구멍을 내어 표시를 해놨는데, 다음 날 집에 갈 때 보니 아무리 봐도 내 고무신이 보이지 않았다. 남아있는 신발이라고는 밑창이 다 헤져 구멍이 난 고무신뿐인데, 누군가 표시까지 해놓은 고무신을 신고 가버린 것이 분명했다.

집에 가면 분명 또 멀쩡한 물건을 잃어버린 나를 보고 화를 내실 부모님 생각에 해가 저물고 늦은 저녁까지 발걸음을 떼지 못하다가 쌀쌀한 밤기운을 느끼며 어쩔 수 없이 집에 들어갔다. 이쯤 되면 복수를 할 법도 했지만 이상하게 나는 이렇게 억울한 일을 당하면서도 '남의 것을 나도 훔쳐야겠다'라는 생각이나, 내 물건을 뺏어간 친구에 대한 복수를 해야겠다는 마음은 생기지 않았다. 단지 바보 같은 나에게 화가 났을 뿐이다. 그러나 나중에 교회를 다니며 말씀을 배우고 나니 이런 답답하고 바보 같은 심성이야말로 하나님이 보시기에는 좋은 모습이라는 것을 깨닫게 됐다.

> "네 이웃의 집을 탐내지 말라 네 이웃의 아내나 그의 남종이나 그의 여종이나 그의 소나 그의 나귀나 무릇 네 이웃의 소유를 탐내지 말라" - 출애굽기 20:17

부모님으로부터 물려받은 착한 심성이 비록 사람들이 보기에는 답답하고 손해 보는 것 같지만 하나님이 주신 계명을 지키는 선한 일이며 눈앞의 이익이 아닌 하나님이 주시는 복을 받는 길이라는 사실이다. 어른이 된 이후로도 나는 사람들을 믿다가 몇 번이고 속임을 당하고 사기까지 당하기도 했지만 그럼에도 절대로 남을 속이거나 거짓을 말하지는 않았다. 하나님의 말씀을 눈으로 보기만 할 때에는 참으로 어리석어보일 때가 있지만 그 말씀을 삶으로 살아갈 때에는 성경이 왜 진리의 말씀인지, 하나님이 주시는 복이 세상의 복과 어떻게 다른지 100% 삶으로 체험하게 된다.

2

이 모순점은 무엇일까?

초등학교 시절 소풍을 갈 땐 난 늘 20원을 받았다. 한 번은 평소 눈으로만 보던 풍선을 10원 주고 샀는데, 욕심에 너무 크게 불어 터지고 말았다. '어떻게 얻은 돈으로 산 풍선인데 가지고 놀지도 못하고 터트리냐'라는 생각에 너무 허탈했다. 나머지 10원으로는 당시 하나에 1원 하던 딱딱한 젤리 같은 과자를 사먹었다. 그런데 10원을 주고 젤리를 받아 돌아가던 중에 개수를 세어보니 10개가 아닌 8개였다. 지금 같으면 바로 돌아가 8개 밖에 없다며 따졌겠지만 당시에는 또 꿀 먹은 벙어리처럼 가게 주변을 빙빙 돌며 안절부절하다가 그냥 8개를 쥐고 돌아갔다.

물론 아주머니가 실수로 그렇게 주신 것일 수도 있었지만 어린 나이에도 꼴랑 젤리 2개를 덜 받았다는 이유로 기분이 상하는 것을 느끼며 남을 속이는 것이 얼마나 나쁜 일인지를 깨달을 수 있었다.

그런데 이런 나도 아무렇지도 않게 남을 속인 적이 있었다.

동네 구판장에서 정말 사고 싶은 백 원짜리 물건이 있었다. 돈을 열심히 모아 수중에 95원이 있었는데 나머지 5원을 모으기까지가 너무 힘들어 도저히 견딜 수 없었다. 나는 나도 모르게 구판장에 가서 돈을 잘 보이지 않게 섞어 백 원이라며 주인아줌마에게 주었다. 혹시나 들키면 어쩔까 싶어 마음이 두근두근 거렸지만 아줌마는 수북이 쌓인 돈을 보고 맞겠다 싶던지 별 생각 없이 통에 넣으셨다.

그렇게 원하던 물건을 얻고는 얼마나 신났는지 모른다. 그런데 사람을 속이는 것은 하루가 좋고 몇날 며칠이 괴로운 일이었다. 다음 날도, 그 다음 날도, 심지어 다음 주, 다음 달도 길가다 그 구판장 아주머니만 보면 나도 모르게 심장이 뛰며 죄를 짓는 느낌이 들었다.

혹시 언제 5원짜리 동전이야기를 하실지 모른다는 생각에 한동안 눈도 안 마주치려고 인사도 하지 않았다. 심지어 지금까지도 그때의 그 감정, 그리고 미안한 마음이 사라지지 않는다. 처음 성경을 볼 때 잘 이해가 되지 않았던 말씀이 있었다.

"네가 계명을 아나니 살인하지 말라, 간음하지 말라, 도둑질하지 말라, 거짓 증언 하지 말라, 속여 빼앗지 말라, 네 부모를 공경하라

하였느니라" - 마가복음 10:19

말씀에 나오는 일들은 단순히 생각해도 사람이 하면 안 될 일들이지만 그럼에도 너무나 많이 일어나고 있는 일들이다. 이 모순점은 무엇일까? '혹시 말씀이 사람을 잘 모르고 있는 것이 아닌가'라는 생각도 많이 들었지만, 어렸을 때의 저 작은 속임이 지금까지도 내 양심을 괴롭히는 것을 보고, 정말로 하나님의 말씀이 우리 삶의 매뉴얼이 되어야 한다는 것을 실감했다. 애써 모른 척해도 결국 모든 사람은 자신의 죄의 크기만큼 괴로워하며 점점 큰 짐을 지게 되는 것이다. 몸과 정신까지는 모른 척 한다 해도 영혼은 점점 괴로워지며 죄에 무뎌져 죽어가는 것임을 모르는 사람들이 너무나 많다. 남을 속여 빼앗지 말라는 하나님에 말씀이 있지만, 무엇을 지키며 어떻게 살아야 한다는 말씀이 분명히 있지만 우리의 삶에는 주님이 없고, 말씀이 없다.

초등학교 때 시골에 엿장수 할아버지가 리어카에다 엿판을 싣고 다니시며 고물과 엿을 바꾸어 주었다. 지금처럼 과자도 많지 않았던 시절이기에 어린 우리에게는 엿보다 더 좋은 군것질은 없어서 할아버지만 나타나면 리어카를 밀어주고 엿을 받았다.

그런데 때때로 언덕을 올라갈 때면 리어카를 밀어주는 척하면서 몰래 리어카에 있는 가락엿을 분질러 주머니에 꽁쳤다. 지금 생각하면 할아버지는 알면서도 속아주신 것 같다. 그런데도 모른 척 하시며 리어카가 목적지에 도착하면 또 엿을 큼직하니 떼어 먹으라고 주셨다. 우리는 속아주는 할아버지 마음도 모른 체 엿장수 할아버지를 속인 것을 자랑하고 다녔다.

그 할아버지는 우리가 리어카 밀어주면서 몰래 엿을 훔치는데도 모르고 우리에게 엿을 또 준다. 우리는 ' 참 바보 같은 할아버지야' 하면서 친구들끼리 낄낄대며 엿을 나눴다.

그러나 그 바보 같은 할아버지가 얼마나 착하고 인자하신 분이었는지 그 넓은 마음을 지금은 조금이나마 알 것 같다. 그리고 그 마음이 지금 우리들을 바라보시는 하나님의 마음인 것 같기도 하다.

3

좋은 소식을 전하는 발이여

자라온 날들을 회상하다보면 '그 세상이 지금 내가 살고 있는 세상과 같나'라는 생각이 들 정도로 달라진 것들이 너무나 많다. 그 중 특히나 생각나는 것 중의 하나가 바로 TV이다. 요즘은 조금만 투자하면 집에서도 멋진 스크린을 걸어놓고 영화다 뭐다 손쉽게 감상할 수 있는 시대가 됐지만 나의 어린 시절에는 TV 자체가 매우 보기 힘든 물건이었고, 어렵게 구한다 하더라도 전기가 없어 자동차 밧데리로 보는 두어 집이 전부였을 정도였다.

때문에 한 겨울에 특히 밖에서 놀 일이 없을 때 나를 비롯한 동네 아이들은 TV가 있는 집들을 기웃거리며 마실을 다녔는데, 대부분 사람 좋은 미소로 우리를 받아주셨다. 가진 것은 없을지언정 좋은 이웃 간에 우애가 넘쳤던 그 시절이 가끔은 그립다.

당시에는 특히나 프로레슬링이 인기였다. 경기를 하는 날이면 14인치의 자그마한 흑백 TV를 보기 위해 동네사람들의 발걸음이 한 집으로 모였다. 대청마루 봉당, 마당까지 남녀노소 구분 없이 한 가득 모여서 레슬링을 눈이 빠져라 시청했다. 특히 당시 박치기의 김일 선수가 유명했는데, 계속 쓰러지고 피가 나며 정신없이 맞다가도 오뚜기처럼 벌떡 일어나 박치기로 상대방 선수를 쓰러뜨리는 장면이 지금도 생생하다. 나뿐 아니라 모든 사람들이 그 장면을 볼 때면 약속이나 한 것처럼 일어나 박수를 치며 좋아했다.

어둔 밤길에 집으로 가는 동안까지 레슬링 이야기는 이어지고 심지어는 다음 경기가 있는 며칠 동안 계속 마을의 이야깃거리가 되었다. 그때 그 재미있던 레슬링도 시간이 흐른 뒤에는 각본을 따른 쇼라는 걸 나중에 알게 되었다. 처음에는 짜여진 각본에 열광하던 나의 모습이 떠올라서인지 조금 허탈했지만 그래도 레슬링 경기로 힘들었던 시절에 희망이라도 한 줄기 품을 수 있었고, 무더운 여름의 더위를 이겨낼 수 있었던 좋은 추억이라는 생각이 든다. 그리고 이제는 그토록 열광했던 레슬링도 사라졌고, 과거의 그 이야기를 누구도 입에 담지 않는다.

그러면서 문득 복음에 대한 이야기가 생각이 났다.

2천 년 전에 오신 예수님의 이야기가 지금까지 퍼져 사람들을 변화시키고, 즐겁게 하고, 행복하게 한다. 그리고 그 이야기는 짜여진 각본에 비할 수 없는 결코 흠을 찾을 수 없는 하나님의 원대하신 계획이었다. 그런데 이런 중요하고 기쁜 소식을 나는 왜 다 자라서야 알게 되었을까? 그것은 믿는 사람들에 비해서 전하는 사람들이 적기 때문이 아닐까?

"보내심을 받지 아니하였으면 어찌 전파하리요 기록된 바 아름답도다 좋은 소식을 전하는 자들의 발이여 함과 같으니라"

- 로마서 10:15

나 역시도 복음을 뒤늦게 믿고 지금까지 변변찮은 전도도 못하고 혼자서 되는대로 신앙생활을 하며 살았다. 그러나 이제 와서 보니 왜 그 시절의 레슬링은 비교할 수 없을 정도로 즐겁고 기쁜 소식을 그동안 전하지 않았나 싶다. 그래서 나름의 간구와 기도를 통해 이렇게 글을 쓰기 시작했고, 뒤늦게나마 사람들에게 복음을 전하기 시작했다.

단순히 재밌고 즐겁다는 이유만으로 온 동네 사람들이 한 곳에 모여 함께 열광하고 희망을 얻었던 그 시절의 레슬링처럼 이제는 기쁜 복음의 소식으로 전 세계 사람들이 함께 모여 연합하고 하나님을 찬양하는 새로운 시대가 찾아왔으면 좋겠다.

미끼를 물은 고기처럼

내 고향에서는 한 여름에는 장마가 끝나면 커다란 그릇에 밥에다 적당히 된장을 넣고 비벼서 그릇 위에다 비닐로 덥고 고무줄로 감은 뒤 중간에 구멍을 내어 고기가 많은 개울 웅덩이에 깊이 넣어두었다. 그리고 아이들과 두어 시간 놀다 가면 어느새 버들치가 그 안에 가득 들어가 있다. 두서너 번을 하면 그날 저녁엔 우리 집 가족들이 고깃국을 먹을 수 있다. 된장과 밥의 구수함에 버들치는 그릇에 들어가 나오지를 못한다. 가끔 좀 큰 어른들은 낚시를 한다. 미끼는 파리를 잡아서 한다. 나도 낚시 바늘을 만들어 해 보지만 한 번도 잡아 본적이 없다. 그러다 옆에서 구경을 할라치면 지렁이로도 떡밥을 써 붕어도 향어도 잡는다. 먹이에 유인되어 낚시 바늘에 걸려 커다란 고기가 올라온다.

한 겨울엔 참새들이 집 안 마당에 많이 앉는다. 특히 눈이 많이 올 때는 더욱 그렇다. 눈 쌓인 마당을 쓸고 나면 참새들이 많이 내려앉는다. 한겨울이 참새고기를 먹기에 좋은 계절이다. 들에 떨어진 많은 곡식을 먹어서 살이 통통하고 맛이 소고기보다 맛이 좋다고 해서 참새가 외양간에서 소머리에 앉아 소를 놀린다는 말도 있었다. 저녁 무렵 소죽을 끓이며 눈이 오는 날엔 삼태기를 세워 나무로 고이고 그 밑에 볏짚을 깔고 쌀을 조금 던져 놓으면 참새들이 삼태기 밑으로 모여든다. 이때 고여 놓은 막대기에 묶어 놓은 줄은 빨리 당기면 삼태기 밑에 참새가 간혹 잡힌다. 그러면 아버지께서 화로에서 소금을 쳐서 구워주셨다. 지금 생각해도 그보다 맛있는 고기를 먹어본 기억이 없다.

그런데 이런 소회들이 그냥 정겨운 어린 시절의 추억이었지만 신앙이 생기니 새로운 관점으로 바라보게 되었다. 물고기 입장에서는 둥둥 떠 있는 파리도, 지렁이도 달콤한 유혹이었을 것이다. 그것을 먹으면 죽는다는 것을 알았다면 아무리 배가 고프고 냄새가 구수해도 참았을 것이다. 우리의 인생은 어떤가? 때로는 손대면 안 될 것을 알면서도 눈앞의 달콤한 유혹에 알면서도 넘어가는 경우가 너무도 많지 않았던가? 창세기에는 이런 말씀이 나와 있다.

"그런데 뱀은 여호와 하나님이 지으신 들짐승 중에 가장 간교하니
라 뱀이 여자에게 물어 이르되 하나님이 참으로 너희에게 동산 모

든 나무의 열매를 먹지 말라 하시더냐 여자가 뱀에게 말하되 동산 나무의 열매를 우리가 먹을 수 있으나 동산 중앙에 있는 나무의 열매는 하나님의 말씀에 너희는 먹지도 말고 만지지도 말라 너희가 죽을까 하노라 하셨느니라 뱀이 여자에게 이르되 너희가 결코 죽지 아니하리라 너희가 그것을 먹는 날에는 너희 눈이 밝아져 하나님과 같이 되어 선악을 알 줄 하나님이 아심이니라 여자가 그 나무를 본즉 먹음직도 하고 보암직도 하고 지혜롭게 할 만큼 탐스럽기도 한 나무인지라 여자가 그 열매를 따먹고 자기와 함께 있는 남편에게도 주매 그도 먹은지라" - 창세기 3:1-6

하와와 아담은 결국 뱀(사탄)의 속임수에 넘어가 여호와 하나님의 말씀에 순종하지 못하고 눈에 보기에 좋은 것으로 선택하고 행동하여 인류 첫 번째 죄가 시작되었다. 그리고 그와 동일한 갈등과 실수가 지금도 반복되고 있다. 아담과 하와는 어떤 것이 죄인지 알면서도 유혹을 이겨내지 못했다.

나도 마찬가지이다. 눈으로 보게 되고, 곧 마음으로 선택해 돌이킬 새도 없이 행동으로 이어져 죄를 지은 부분이 얼마나 많은지 모른다. 한 두 번의 실수로 미끼를 물은 고기처럼 당장 죽지 않았다고 안심해서는 안 된다. 또 그렇다고 죄를 지어도 괜찮은 것은 더더욱 아니다. 죄의 필경은 사망임을 사람들이 기억하고 주님이 흘리신 보혈로 이 고통스러운 죄의 고리를 점점 끊어가는 사람들이 늘어갔으면 한다.

내 어린 시절 한 여름이 되면 개울에서 아이들과 함께 너도나도 모여서 미역을 감는다. 미역을 감는다는 말은 요즘 생소하겠지만 우리 시절에는 미역 감는 것이 최고로 신나는 일이었다.

숲속에서 들려오는 매미소리를 들으며 정신없이 친구들과 물장구를 치다보면 시간 가는 줄 모르고 하루가 간다. 이따금씩 바위에 물이 부딪쳐 물보라 속에 무지개가 빛나곤 했는데 참 아름다웠다. 놀이가 끝나면 고무신을 말리러 볕이 잘 드는 곳에 자리를 잡고 고무신을 들고 한참을 엎드려 있었다. 고무신이 마를 때쯤 우리 등짝도 씨꺼멓게 그을렸고 저녁때가 되면서 하나 둘씩 집으로 돌아가곤 했다.

가끔씩 짓궂은 친구들은 들판에 풀을 엮어 함정을 만들기도 했는데 오며가며 누가 걸려 넘어지기로 하는 날에는 배가 아플 정도로 웃다가 집에 갔다. 참으로 이상하게도 걸리는 친구들이 매번 걸려 넘어졌다. 지금도 가끔 그때 생각을 하면 나도 모르게 웃음이 날 정도로 미역을 감는 것은 시골의 즐거운 추억으로 내 마음에 자리 잡아 있다.

미역을 감고도 시간이 남을 때면 고장난 리어카가 있는 곳으로 아이들이 쪼르르 몰려든다. 작은 마을이지만 여러 명소의 이름을 적어 리본으로 바퀴에 묶어놓고 돌려 한 명씩 걸린 곳을 다녀오는 놀이다. 요즘 시대에 비하면 정말 놀이랄 것도 없는 단순한 게임이지만 그 시절에는 이런 게임 하나만 가지고도 시간이

가는 줄 모르고 날았다. 대부분 장소라고 해도 '누구네 집 절구통', '이장님 집 변소', '동네 디딜방아' 같이 가까운 곳이었지만 마을에서 가장 풍경이 좋은 명소 '토끼 바위' 같은 곳이 걸리면 족히 1시간도 넘게 잡아야 했다.

물론 그 친구들이 실제로 그곳을 갔다가 오는 지는 알 수 없다. 그러나 그것을 문제 삼는 친구도 없었고, 또 굳이 증거를 제시하는 친구도 없었다. 그 시절 우리는 그냥 그렇게 모여 그렇게 노는 것이 마냥 좋았던 순수한 시절이다. 그래서인지 특별히 무슨 재밌는 것이 있거나 하지 않아도 내일 아침이 기대되고 하루하루가 즐거움으로 가득했던 시절이었다.

당시 나뿐 아니라 함께 놀던 친구들은 모두 파란 가을하늘 같이 근심과 걱정이 없는 맑은 마음을 가지고 있었다. 비록 생활도 어렵고 끼니나 겨우 때우는 수준이었지만 누구 하나 어두운 밤하늘의 빛나는 별과 같이 꿈은 한 가득씩 안고 있었다. 그러나 바로 중학교만 가도 이런 꿈들이 금세 시들고 만다. 그리고 사회에 나가고 자라면 자랄수록 어릴 때 마음속에 품었던 파란 하늘도 사라지고, 빛나는 별과 같던 꿈들도 하나 둘씩 떨어진다.

창세기에서 아브라함을 묵상할 때도 이와 비슷한 느낌을 받는 구절이 있다. 꿈을 가지고 하나님의 말씀을 좇아 고향을 떠난 아브람의 앞길은 약속된 축복이 아닌 기근이 임했기 때문이다. 아브라함은 그 위기에 잘못 대처해 심지어 자기 아내 사래를 누이라 속이기까지 한다. '믿음의 조상'이라는 별명에 너무나 어울리지 않는 모습이었다.

> "그가 이집트에 가까이 이르렀을 때에 그의 아내 사래에게 말하되 내가 알기에 그대는 아리따운 여인이라 이집트 사람이 그대를 볼 때에 이르기를 이는 그의 아내라 하여 나는 죽이고 그대는 살리리니 원하건대 그대는 나의 누이라 하라 그러면 내가 그대로 말미암아 안전하고 내 목숨이 그대로 말미암아 보존되리라 하니라"
>
> - 창세기 12:12-13

아브람은 자기의 목숨을 지키기 위해 아내 사래를 누이라고 속였다. 하나님에 말씀에 순종하여 꿈을 가지고 멋지게 고향을 떠났지만 막상 닥친 현실이 녹록치 않았던 것이다. 그러나 하나님은 실수한 아브람을 책망하지 않고 도리어 아브라함에게 속은 바로를 책망하신다.

> "여호와께서 아브람의 아내 사래의 일로 바로와 그 집에 큰 재앙을 내리신지라 바로가 아브람을 불러서 이르되 네가 어찌하여 나에게 이렇게 행하였느냐 네가 어찌하여 그를 네 아내라고 내게 말하지 아니하였느냐 네가 어찌 그를 누이라 하여 내가 그를 데려다가 아내를 삼게 하였느냐 네 아내가 여기 있으니 이제 데려가라 하고 바로가 사람들에게 그의 일을 명하매 그들이 그와 함께 그의

아내와 그의 모든 소유를 보내었더라" - 창세기 12:17-20

그리고 아내를 무사히 지켜 롯과 함께 네게브로 올라갈 때 아브라함은 넘치는 축복을 받았다.

"아브람이 이집트에서 그와 그의 아내와 모든 소유와 롯과 함께 네게브로 올라가니 아브람에게 가축과 은과 금이 풍부하였더라"

- 창세기 13:1-2

하나님을 향한 믿음이 있는 사람들의 삶에도 역경이 찾아온다. 어릴 속 품었던 많은 꿈들이 현실의 벽에 부딪쳐 사라지는 것처럼 이 과정은 세상을 살아가는 모든 사람들이 겪는 과정이다. 그러나 그 현실의 벽에 부딪칠 지라도 하나님이 말씀하신 것을 믿고 첫발을 떼는 사람에게는 하나님이 아브라함처럼 형통하게 하신다.

5

엄청난 삶의 변화

초등학교 5학년이 되던 해에 집에 가는 길에 우리 마을에 전기가 들어온다고 어른들께서 이야기하시는 것을 들었다. 며칠이 지나니 집집마다 전기공사가 한창 시작되었다. 전주를 나르는 힘이 좋은 아저씨들의 우렁찬 목소리가 지금도 귀에서 맴돈다.

어느새 전주가 세워지고 백열전구에서는 노란 불빛이 방을 가득 채웠다. 등잔불을 보다 백열전구를 보니 눈이 부셨다. 그때에는 콘센트가 집집마다 검정색으로 된 플라스틱 3구 짜리 하나밖에 없었다. 번개가 치면 콘센트에서 불이 나온다는 말도 있어 어린 맘에 번개가 치면 진짜 멀리 도망도 가곤 했다. 지금은 전기가 가정의 필수조건이 되었지만 그때는 단순이 백열전구만 밝히는 게 전부였다. 그렇게 딸랑 전구만 밝히다가 점점 전기를 쓰는

도구들이 늘어나게 되었다.

어느 순간에 TV를 보게 되고 가마솥이 아닌 전기솥에 밥을 하면서 콘센트의 수도 많아지기 시작했다. 선풍기, 다리미, 냉장고, 그 전에는 생각조차하기 어려웠던 놀라운 물건들이 콘센트에 꽂기만 하면 저절로 돌아갔다. 전기는 그야말로 엄청난 삶의 변화였다.

그로 인해 작은 시골에도 많은 변화가 일어났다.

공부보다는 TV앞에 있는 시간이 많아 부모님께 꾸중을 듣기도 했고, 전날 친구들과 소꿉장난하며 놀았던 이야기보다는 TV에서 나오는 드라마나 만화가 화제가 되었다. 지금 생각해보면 마을에 들어온 전기 하나로, 집집마다 들어온 콘센트 하나로 현대 문명의 이기를 모두 누리게 될 수 있었던 것이다. 나는 가끔 성경을 읽으며 이와 비슷한 느낌을 받을 때가 많다.

수천 년 전 이스라엘에서 시작된 이야기가 이제 전 세계로 퍼지고, 한국의 아무것도 모르는 나의 귀에까지 복음이 들어와 하나님의 자녀가 되게 했다는 사실이 때때로 나에게 큰 감동을 준다.

"아브람이 이르되 주 여호와여 무엇을 내게 주시려 하나이까 나는 자식이 없사오니 나의 상속자는 이 다메섹 사람 엘리에셀이니이다. 아브람이 또 이르되 주께서 내게 씨를 주지 아니하셨으니 내 집에서 길린 자가 내 상속자가 될 것이니이다. 여호와의 말씀이 그에게 임하여 이르시되 그 사람이 네 상속자가 아니라 네 몸에서

날 자가 네 상속자가 되리라 하시고 그를 이끌고 밖으로 나가 이르시되 하늘을 우러러 뭇별을 셀 수 있나 보라 또 그에게 이르시되 네 자손이 이와 같으리라" - 창세기 15:2-5

아브라함의 믿음으로 인해 그 자손들이 번성했고, 훗날 예수님의 탄생이라는 하나님의 언약이 이루어지는 놀라운 일들이 일어났다. 그리고 그 소식이 지금도 전 세계에 퍼지며 사람들을 구원하고 있는 것이다.

작은 시골에도 가느다란 줄을 통해 들어온 전기가 모든 생활을 변화시켰듯이 온 만방에 퍼진 이 복된 이야기를 통해 이제 우리 믿는 사람들이 변화되어야 하지 않을까? 그리고 주변을 변화시켜야 하지 않을까?

약속하신 하나님은 이루시는 하나님이시기에 우리는 그 말씀을 믿고 단지 기다리기만 하면 된다.

6

죽는 것은 나이와 관계가 없다

어느덧 무사히 초등학교를 졸업하고 중학교에 들어가게 되었다. 모든 것이 변해 처음에는 힘들었지만 곧 적응하기 시작하며 즐거운 학교생활을 하고 있었다. 다만 그 시절까지 나는 하나님에 대해서 전혀 들어본 적이 없었기에 그저 막연히 태어나 살다가 죽는 것이 인생의 전부라고 생각했다.

초등학교 때와 달리 중학교는 차를 타고 등하교를 해야 했다. 버스를 처음 탔을 때는 심장이 두근거려 전날 밤잠을 설칠 정도였지만 학교를 다니면서 슬슬 적응이 되어 이제 익숙하게 동전을 넣고 모자도 조금 삐딱하게 쓰고 단추도 한두 개 풀며 의젓한 티를 냈다. 그러다 교문에서 선생님에게 걸려 몽둥이로 가끔 맞기도 했지만 그 시절에는 그것이 일상이었다. 그렇게 중학교를 다니던 어느 여름날 수업을 마치고 집에 돌아오는 뜰아래 못 보던 자전거가 서 있었다.

'아, 드디어 자전거를 사주셨구나!'

당시 자전거를 본 나의 기쁨은 처음 차를 샀을 때보다 더 컸을 정도였다. 나는 가방도 풀지 않고 바로 안장에 올라타 마당을 슬슬 돌아보기 시작했다. 다음 날 자전거를 탈 생각에 설레여 잠이 오지 않았다.

어느새 아침이 밝았다. 잠은 설쳤지만 자전거를 타고 학교 갈 생각에 온 몸에는 힘이 넘쳤다. 가방을 당당히 앞에 걸고 힘차게 페달을 밟았다. 지나가는 사람들이 다 나를 쳐다보는 것 같고, 온 세상이 다 내 것 같았다. 평소엔 무서워 제대로 쳐다보지도 못했던 선배들조차 나를 부러워하는 듯한 느낌이 들었다. 자전거와 함께 한 등교시간은 순간이동이라도 한 듯이 짧은 시간이었다. 또 자물쇠를 잠그고 몇 번이나 확인했음에도 혹시나 하는 생각이 들어 수업 시간 내내 집중이 되지 않고 오로지 자전거 생각만 내 머리 속을 가득 채웠다.

자전거가 생겨 한 가지 더 좋았던 점은 여학생들과 친해질 수 있었기 때문이다. 가끔씩 자전거를 구실로 대화도 하고, 태워도 주며 사춘기의 낭만을 즐겼다. 가을하늘 아래 코스모스가 피어난 비포장 길은 자전거를 타고 다니기에 너무나 환상적인 코스였다. 그 이후로 자전거가 있기에 어디를 가든지 나의 마음을 즐겁고 행복했다. 또 그래서 나중에 '하나님을 만나면 그 어디나 하늘나라'라는 말이 무슨 뜻인지 나는 단번에 이해할 수 있었다.

자전거로 인해 나의 중학교 시절 내내 행복하고 고생도 고생 같지 않았던 것 같이 주님을 영접하는 순간 모든 인생길이 천국이자 앞길이 뻥 뚫린 고속도로처럼 되기 때문이다.

"여호와 우리 주여 주의 이름이 온 땅에 어찌 그리 아름다운지요"

- 시편 8:1

중학교 1학년 겨울방학 즈음에 자전거를 타고 면사무소를 지나가고 있는데 작은 교회가 보였다. 십자가를 보며 '저기가 교회란 곳인가 보다'하고 있는데 종탑 옆에 '축 성탄'이라는 글씨가 반짝거리며 크게 붙어 있었다. 처음 보는 단어라 무슨 소린가 싶었지만 누구한테 물어볼 곳도 없었고 그럴 상황도 아니었다. 내가 자란 시골에는 초등학교에서 멀리 보이던 성당이 전부였고 달리 교회가 없어 붙어 있는 문구들이 낯설었다.

아예 12월 25일은 크리스마스로 산타 할아버지가 빨간 양말에 선물을 주는 날로만 알고 있었기에 성탄이라는 단어 자체가 무엇인지를 몰랐다. 며칠 지나 교회 근처를 지나다 "기쁘다 구주 오셨네"라는 찬양소리를 들었지만 차마 교회 안으로 들어갈 용기도 없었다.

그해 겨울방학이 끝나기 전 동네의 아직 40대 초반인 아저씨가 돌아가셨다. 그전에는 할아버지 할머니처럼 나이가 많아져 죽는 줄 알았던 나는 그 아저씨의 소식을 듣고는 처음으로 죽음의 공포를 느꼈다.

'죽는 것은 나이와 관계가 없구나!'

그날 오전에 장례식이 한창이었고 멀리서 보니 야산에 관을 묻고 있었다. 우연히 지켜보던 나는 그 자리에 주저앉아서 '사람은 죽으면 모든 것이 끝나는 것인가', '죽음을 피할 수는 없나', '정녕 영원히 사는 길이 없나'와 같은 생각을 하며 눈물을 흘렸다. 누구도 해결할 수 없는 죽음의 문제에 대해서 처음으로 가슴 깊이 고민했던 날이기도 하다.

그리고 앞날이 창창해 미래가 구만리 같았던 그때나 이미 살아온 날들이 더 많은 지금에까지 지나온 시간을 생각해보면 정말로 '눈 깜작할 사이'라는 말로밖에 표현할 수가 없다.

"우리의 연수가 칠십이요 강건하면 팔십이라도 그 연수의 자랑은 수고와 슬픔뿐이요 신속히 가니 우리가 날아가나이다"

– 시편 90:10

"이는 그가 우리의 체질을 아시며 우리가 단지 먼지뿐임을 기억하심이로다" – 시편 103:14

우리가 살아온 날들은 이렇게 덧없는 것이고 쏜살 같이 빠른 것이기도 하다. 아마 생명의 복음을 만나지 못했다면 지금도 죽음의 문제와 씨름을 하거나 애써 외면을 하며 사망의 길을 걷고 있었을 지도 모른다. 피할 수 없는 문제라면 당연히 해결책을 찾아야 한다. 오직 죽음에서 부활하신 예수님의 보혈만이 이 문제를 해결할 수 있는 사실임을 사람들이 속히 깨달았으면 좋겠다.

7

세상에 이렇게 맛있는 음식이

중 학교 생활도 슬슬 적응이 될 때쯤, 무더운 여름날에 체육시간을 마치고 교실에 들어와 보니 파란색에 손바닥만 한 작은 사전 같은 책이 각 책상마다 하나씩 놓여 있었다. 겉표지에 시편이라고 있어서 무슨 시집인 줄 알았다. 몇 장을 넘겨 보니 처음과 끝이 온통 작은 글씨로만 채워져 있고 내가 아는 시와는 좀 다른 것 같아 툭툭 덮어 집에 가져오긴 했지만 그 후로는 그 책을 펴 본적이 없었다. 누군가 전도를 하려고 쉬는 시간에 시편을 책상마다 돌렸던 것 같다.

"복 있는 사람은 악인들의 꾀를 따르지 아니하며 죄인들의 길에 서지 아니하며 오만한 자들의 자리에 앉지 아니하고 오직 여호와의 율법을 즐거워하여 그의 율법을 주야로 묵상하는도다" - 시편 1:1-2

슬쩍 펴봤음에도 시편 1편의 1절과 2절은 눈에 들어왔었는데, 이내 잊고 어느덧 나도 중3이 되어 고등학교 시험을 준비하고 있었다. 그 해 같은 반 친구 아버지가 교회 집사님이 되었다는 소식을 들었는데, 나는 그것이 학교에서 일보는 수위 아저씨 같은 일을 하는 집사인 줄 알았으니 여전히 교회와는 어지간히 담을 쌓고 살고 있었다.

고등학교 시험을 보기 위한 예비소집이 있던 날 나는 처음으로 그리도 먹고 싶었던 자장면을 먹었다. 지나가며 구경만 하던 자장면을 실제로 먹게 되는 날이 올 줄은 꿈에도 몰랐다.

먹는 방법도 몰랐던 나는 친구를 눈치를 보며 열심히 젓가락을 쪼개어 면을 비볐다. 크게 들어 한입 맛을 보는 순간 '세상에 이렇게 맛있는 음식이 있나'라는 생각이 들었다.

입 주위에 춘장을 덕지덕지 발라 동네방네 자장면을 먹었다고 자랑하고 싶은 것이 내 마음이었으나 나를 제외한 친구들은 조금 사는 집들이었는지 모두 점잖게 입을 닦고 심지어 자장면이 별로라고 하는 친구도 있어 조용히 따라했다.

그러나 자장면을 먹고 즐거웠던 나의 마음과는 다르게 나는 고등학교 입학시험에서 떨어지고 말았다. 너무 속이 상해 아무생각도 나지 않았다. 일단 집에는 알리지 않았고 후기에 미달된 학교에 원서를 넣으라는 담임선생님에 말씀도 뒤로 하고 홧김에 직업전문학교에 원서를 내 합격했다.

직업고등학교는 단체를 숙식을 하며 군 생활관처럼 아침 저녁으로 점호를 하고 토요일 오후나 일요일에도 외출증을 제출해야 외출을 할 수 있었다. 중학교와는 달리 아는 친구도 별로 없었고 완전히 다른 환경이었다.

심지어 한 달 동안 외박을 금지했다. 너무 바쁜 고등학교 생활이라 토요일 어느 오후에 길 가다 우연히 만난 친구가 그렇게 반가울 수가 없었다. 심지어 중학교 때는 그렇게 친하지도 않았다. 3주가 되자 갑자기 고향에 있는 엄마 아버지가 얼마나 보고 싶었는지 집 쪽을 바라보며 소리 없이 얼마나 울었는지 모른다. 도망도 가고 싶고 떠나고 싶었던 우리 집이 이렇게 그리울 줄은 정말 몰랐다.

그렇게 한 달이 지나 첫 외박을 하게 되었다. 한 달 만에 돌아온 집이 이렇게 좋을 줄은 몰랐다. 늘 멀리 떠나고 싶었던 집이었는데... 그리고 둘러앉은 식사자리에서 또 다시 아들 걱정에 부모님의 잔소리가 시작되었지만 이제는 사랑이 담긴 따스한 조언으로 들렸다. 결국 그리운 집이 있었기에 힘든 상황에서도 도망치지 않고 견딜 수 있었다는 것을 나는 그때 깨달았다. 그리고 몸이 아닌 영혼의 안식처가 어디인지도 알아야 시편 1편의 말씀들처럼 악을 따라 살지 않고 하나님의 율법을 따라 살며 즐거운 인생길을 누릴 수 있다. 직업학교 때와는 비교도 되지 않는 힘든 인생의 과정을 계속해서 걸어왔지만 그럼에도 감사와 또 감사만이 남아있는 것은 몸의 본향보다 더 절실했던 영혼의 본향을 찾았기 때문이다.

막심한 후회

직업학교에 들어와 첫 여름을 맞았다.

보통 때 같으면 방학을 기다리며 여유롭겠지만 여기선 그럴 틈이 없었다. 곧장 전주에 올라가 전선설치작업을 배우고 갖가지 공사기술을 배웠다. PVC를 구워 모양을 내는 일을 배울 때는 불덩이 같은 토치램프를 들고 압축펌프로 작업을 해서 언제나 탈진 상태였다. 그밖에 기름 냄새에 연기와 그을음으로 고통을 받으면서도 응급처치로 소금을 먹으면서 일을 계속해서 배워나갔다.

고된 일이었지만 일을 배우며 조금씩 숙련되는 기쁨을 느끼며 하루하루를 보냈다. 더운 여름도 갔고, 산과 들에 나무도 제법 물들어 울긋불긋했다. 가을이 끝날 때 즈음 나는 기능시험을 보게 되었다. 1년에 한번 뿐인 시험이라 긴장을 한 탓인지 자신은 있었음에도 시험에 합격하지 못했다. 나 뿐 아니라 많은 학생들이 떨어져 겨우 몇 명만 합격을 했다. 결국 자격증 없이 다음해 졸업을 하고 취업 준비를 했는데, 선생님들이 열심히 알선을 해 주셨음에도 불구하고 취업이 잘 되질 않았다.

분명 직업학교에 가면 고등학교 3년 과정을 1년 안에 끝내고 졸업 후에는 전원 취업이 된다고 했는데 부딪치는 현실은 달랐다. 고등학교를 진학한 다른 친구들이 학교에서 공부하는 모습이 정말 부러웠다. 10대에 백수가 된 나는 집으로 돌아와 1년 가까이 농사일을 도우며 지냈다. 희망과 소망도 없이 그저 하루 일하고 그 다음날도 똑같이 반복하다가 겨울이 되어 나는 서울로 가는 버스에 몸을 실었다.

처음으로 보게 된 서울은 별천지였다.
부천이라는 도시에 있는 전기공사를 하는 회사에 가까스로 취직이 됐는데, 처음에는 배우며 일을 했다. 전화국에 있는 전력실에서 하는 공사인데 학교에서 배운 거랑 많은 차이가 있었다. 그렇게 겨우 버텨 처음으로 월급이 나왔는데 일이 힘든 만큼 월급은 많지 않았다.
'공부를 열심히 해야 했는데 좀 더 열심히 공부해서 대학에 갔어야 했는데...' 막심한 후회뿐이었다. 그러나 공부를 안 한 것은 그 누구의 잘못도 아닌 나의 잘못이었다. 선생님께 맞아가면서도 숙제를 하지 않았고, 직업학교에서도 자격증을 따려고 더 노력하지 못했다. 결국 내가 뿌린 대로 거두는 것이며 오늘의 게으름이 내일의 미래를 망친다는 것을 나는 깨닫고 이후로는 어떤 허드레 일을 하더라도 할 수 있는 최선을 다해 성실히 임하고자 다짐했다.

"좀더 자자, 좀더 졸자, 손을 모으고 좀더 누워 있자 하면"

– 잠언 6:10

"네가 좀더 자자, 좀더 졸자, 손을 모으고 좀더 누워 있자 하니"

– 잠 24:33

9

모든 것은 때가 있다

서울에 상경해 온갖 고생을 하면서 성실히 살겠다고 다짐을 했음에도, 또 그렇게 살았음에도 지나온 게으름에 대한 후회는 계속해서 나의 머리속을 떠나지 않았다. 퇴근을 하고 집에 오는 길마다 스스로 시간을 속여 보낸 지난 학교생활을 후회했다.

왜 그리 공부를 싫어했는지 모르겠다.

그러다 결국 1년이 지나고 큰 결심을 하고 인근에 있는 야학을 찾아갔다. 지하실에는 조그만 교실이 세 개 있었고 대학생들이 무료봉사로 사비까지 들여 중등과정과 고등과정을 방과 후에 가르치고 있었다. 나랑 연배가 비슷한 대학생들이 여기서는 선생님이었다.

나는 고등과정을 다시 시작하여 대학교에 가고 싶었다. 그러나 받은 교재를 펼쳐보니 분명 봤던 내용임에도 고등학교 1학년 내용조차 제대로 이해할 수가 없었다. 영어는 그래도 그런대로 하겠는데 수학이 너무 어려웠다. 첫 수업을 마치자마자 서점에 들러 참고서를 사서 기본 문제를 열심히 풀어보았으나 역부족이었다.

도대체 나의 학창시절은 무엇이었을까...

이를 악물고 야간 근무가 없는 날은 무조건 야학을 찾았다. 그러나 야간 근무가 잦아지면서 점점 진도를 따라가기가 어려웠다. 선생님들은 열정적으로 가르치고 숙제까지 내주었으나 여간 힘이 부치는 것이 아니었다. 결국 1년을 거진 채우고도 성과가 없어 나는 공부를 다시 포기하게 되었다.

이후 직장을 수유리 근처로 옮기면서도 다시 시간을 쪼개 수학과 영어를 공부했지만 원체 머리가 좋지 않아 아무리 노력해도 성과가 나지 않았다. 버스가 끊어져 근처 심야 다방에서 커피 한 잔 시켜놓고 공부에 매진할 정도였지만 영 신통치 않았다. 그러면서 들었던 생각이 하나 있다.

'아마도 고등학교 때, 그리고 중학교 때 이 각오로 열심히 했더라면 아무리 머리가 모자라도 중간은 할 수 있었을 텐데...'

모든 것은 때가 있다는 어른들 말이 무엇인지 그때 알게 되었던 것이다. 때를 잘 만나지 못하면 불타는 열정으로 몇 번이나 시도해도 결국 안 되거나 몇 배로 힘이 드는 일들이 있음을 나는 큰 대가를 치르고 깨달았다.

때를 놓쳐 너무 늦은 걸 따라가다 보면 정말로 고생을 크게 한다. 신앙도 마찬가지다. 그러나 신앙은 공부와는 다른 것이 하나 있는데, 결코 몰라서도, 놓쳐서도, 포기해서도 안 된다는 것이다. 혹시라도 마음에 말씀이 임하는 데도 이런 저런 망설임으로 계속해서 미루고 있는 분이 계시다면 지금 이 순간 바로 예수님을 영접하는 일들이 일어나기를 간절히 기도한다.

"내가 은혜 베풀 때에 너에게 듣고 구원의 날에 너를 도왔다 하셨으니 보라 지금은 은혜 받을 만한 때요 보라 지금은 구원의 날이로다" - 고린도후서 6:2

10

듣고도 모른 척 외면했던 것

지리한 직장생활을 끝내고 밖으로 나오니 싱그러운 바람이 불어온다. 잠시 산책을 하러 가까운 공원을 들르니 행복한 가족과 친구들이 거닐고 있고, 잔디밭에서 기타를 치며 들려오는 노래 소리도 귓가를 간지럽힌다. 그런 고즈넉한 풍경들을 느끼며 마음이 풍성해지다가도 이내 우울감이 찾아왔다.

'나는 꿈도 없이 지금 뭐하고 사는 걸까...'

공부도 못하고, 일도 변변찮은 생산직 노동자가 나의 모습이었다. 날이 어두워지며 빠져나가는 사람들 틈에 끼어 고개를 숙이고 터덜터덜 걷기 시작했다. 문가를 나가는데 한 남자가 크게 외치는 소리가 들렸다.

"할렐루야! 여러분 예수 믿으세요. 예수님을 믿어야 구원 받습니다."

나이가 오십 정도 되어 보이는 남자가 길가에서 거의 악을 쓰듯이 외쳤다. 예수를 믿어야 천국에 간다는 말이 무슨 소린지 궁금해 잠시 걸음을 멈췄더니 이내 다가와 전도지를 건네줬다. 이런 경우가 처음이라 당황한 나는 손사래를 치며 거절한 뒤에 곧장 집으로 왔다. 그러나 자면서도 그 남자의 허공을 가르던 외침이 계속해서 귀를 떠나지 않았다.

'할렐루야가 무슨 뜻일까?'

'구원이 뭐고 천국이 뭘까?'

'나눠준 종이를 받았어야 했나?'

그러나 다음날부터 다시 까맣게 잊고 다람쥐 쳇바퀴 돌 듯이 일상으로 돌아갔다.

그렇게 가을이 가고 다시 겨울이 찾아왔다. 어렸을 적 시골과는 달리 거리 곳곳마다 캐롤이 울려 퍼지고 형형색색의 트리들이 들어서기 시작했다. 여기저기 교회에서 찬양소리가 들리고, 어렸을 때 교회 앞을 지나가며 들었던 찬송가도 들렸지만 나는 여전히 교회에 나갈 생각을 하지 않았다. 이상하게 집에만 오면 들었던 찬송이 계속 맴돌고 마음속에 교회에 대한 궁금함이 커졌지만 하루하루 외면하며 나의 일상을 지키려 무던히 애를 썼다.

당시에는 몰랐지만 지금 와서 돌아보니 예수님이 계속해서 나의 마음을 두드리고 계셨던 것이었다.

"이르되 주 예수를 믿으라 그리하면 너와 네 집이 구원을 받으리라" - 사도행전 16:31

    간수의 죽음을 막고 구원을 주었던 사도 바울의 외침이 그날 공원에서, 어린 시절 교회 안에서, 또 성탄절을 맞은 거리에서 계속해서 내 마음속에 들어왔다. 그러나 세상의 다른 즐거움을 통해 안위를 찾으려 했기에 계속된 주님의 부르심을 듣지 못했던, 아니 듣고도 모른 척 외면했던 것이다. 살다가 문득 평소에 들지 않았던 의문들이 떠오른다면 그때가 주님께로 돌아올 때이다. 평소 관심도 없었던 교회가 궁금하고 성경이 궁금하다면 바로 그때가 무릎으로 회개할 때이다.

11

어쩐지 쑥스러워서

남양주에 있는 곳으로 직장을 다시 옮겼다.

서울에 와서는 작은 형과 함께 지냈지만 직장과는 워낙 거리가 있어 양해를 구하고 회사 근처로 방을 구했다. 작은 형과는 워낙 격의 없이 잘 지내왔기에 조금 아쉬웠지만 직장 생활에 적응하기 위해서는 어쩔 수가 없었다.

처음으로 자취를 하는 아들이 걱정이 되었는지 소식을 들은 엄마께서 오셔서 며칠 밥을 해주셨다. 전기밥솥까지 사오시고 작은 석유곤로로 불을 켜 어두운 지하방 부엌에서 밥을 지어 해주셨는데 오랜만에 엄마가 해주시는 밥이라 정말 맛이 좋았다.

엄마는 밥을 하는 방법을 알려주시고 내려가셨다.

저녁에 자취방에서 처음으로 쌀을 씻어 밥을 해보았다. 알려주신 대로 전기밥솥에 앉혔지만 이상한 냄새가 나서 먹지를 못했다. 이렇게 불안하게 시작한 자취생활도 점점 익숙해지며 나중에는 곧잘 간단한 요리도 하고, 김치까지 직접 담가 먹었다.

회사일도 익숙해져 동료들과의 관계도 좋았고, 여유가 있을 때마다 술잔을 부딪치고 밤새 춤을 추러 가기도 했다. 그때만큼은 아무 생각 없이 즐길 수 있었어 행복했다. 하지만 그런 행복은 길게 가지 않았고, 3년이 지나면서부터 회의감이 생겼고 5년이 지나고 나서는 오히려 그런 삶을 거부하고 싶을 정도로 짜증이 났다.

'이렇게 먹고 마시고 취하고 여자나 쫓아다니고... 사람의 인생이 이런 건가! 나의 꿈과 나의 소망은 무엇인가? 이렇게 계속 살면 나는 뭐가 될 것인가?'

친구가 아무리 많고, 술을 마셔 기분이 좋아지고, 직장 생활이 원만해도 마음의 불안과 걱정은 해소되지 않았다. 송창식의 고래사냥이라는 노래가 당시 유행이었는데 딱 내 마음을 대변하는 것 같았다.

'술 마시고 노래하고 춤을 춰 봐도 가슴에는 하나 가득 슬픔뿐이네 무엇을 할 것인가 둘러보아도 보이는 건 모두가 돌아앉았네'

그러나 내 마음을 대변해주고 잠시 달래주는 노래였을 뿐 그 어떤 해결책도 제시해줄 수는 없었다. 하루는 답답한 마음에 집 앞에 나와 담배를 피며 착잡한 마음을 달래고 있는데 누가 지나가다 나를 보며 종이를 한 장 건넸다. 그 종이에는 이런 말씀이 적혀 있었다.

"나는 포도나무요 너희는 가지라 그가 내 안에, 내가 그 안에 거
하면 사람이 열매를 많이 맺나니 나를 떠나서는 너희가 아무 것도
할 수 없음이라" - 요한복음 15:5

전도지 위에는 교회이름이 파란잉크로 찍혀 있었다.
포도나무가 어쩌고, 가지가 뭐라 그러는 건지 도무지 알 수가
없었다. 예전 공원을 산책하다가 받은 전도지가 생각이 났다.
거기에는 이렇게 적혀 있었다.

"주 예수를 믿으라 그리하면 너와 네 집이 구원을 받으리라"
 - 사도행전 16:31

아무 말 없이 받아 온 전도지를 통해 다시 한 번 교회가 뭔지,
하나님이 누구인지에 대한 궁금증이 생겼다.
며칠 뒤 회사에서 교회를 다니는 몇 살 많은 선배를 찾아가 교
회는 뭐하는 곳이냐고 물었다.
"어? 너 교회에 가고 싶니?"
"아니, 그냥 궁금해서,,,"
"그럼 주일날 같이 가보자."
"나는 별 관심 없어."

사실 관심이 있었으나 어쩐지 쑥스러워 그냥 말을 돌리고 말았다. 이 광경을 본 다른 후배가 일을 하다 쉬는 시간에 찾아와 나에게 복음을 전했다. 나는 더욱 쑥스러워 종교는 그냥 사람이 의지하기 위해 만든 것이라고 쏘아붙였지만 그 친구는 하나님이 유일하신 분이며 보내주신 아들 예수님을 믿어야만 한다고 담대하게 복음을 전했다. 내가 궁금한 것을 알게 되는 순간들이었지만 마음이 가리워진 나는 "그래, 잘난 예수 너나 믿어라"라고 핀잔을 주고 그 이후로는 교회에 대해서 묻지 않았다.

그렇게 노방 전도를 당해도 교회를 지나다니며 찬송을 통해 주님이 부르시는 소리를 들어도 마음을 움직이지 않자 주님은 좀 더 직접적인 방법으로 나를 인도하려고 하셨다. 그러나 마음 문을 열기는 쉽지 않았다. 그러나 이렇게 하나님은 지금도 우리를 부르고 계신다. 그리고 그 하나님의 부르심에 응답하고 믿어지는 것이 은혜이다. 나에게는 그 은혜가 간절했기에 믿어진 지금의 신앙생활이 더 없이 중요하고 간절하게 다가왔다. 하나님을 믿게 된 은혜를 떠올릴 때 신앙의 권태기가 없이 오로지 주님만을 바라보며 헌신할 수 있다.

12

삶이 그대를 속일지라도

새로운 직장에서 또 다시 크리스마스 시즌을 맞았다.
시골에서 크리스마스가 뭔지도 모르고 집에서 보내던
때도 있었는데 이제 제법 서울 생활이 익숙해져 나도 세상 사람
들처럼 크리스마스를 즐겼다. 밤새 술집에서 친구들과 술잔을 부
딪치고 크리스마스가 왜 있는지도 모른 체 그저 술을 붓고, 여자
를 만나고, 나 좋은 일만 하러 다녔다. 껍데기뿐인 행복을 따라
다니다 잠이 들고 크리스마스 오후 늦게 눈을 떴다.

당시 나의 상황은 이런 저런 일들로 영 좋지 않았다.
머무는 곳도 좁은 단칸방에 누추했고, 청운의 꿈을 품고 다시
도전했던 공부도 재차 포기했던 상황이었다. 그렇다고 하는 일이
미래가 창창한 것도 아니었으며, 인생의 의미를 발견한 것도, 진

정한 사랑을 만난 것도 아니었다. 크리스마스고 뭐고 그저 빨리 지나가고 지내기 편한 봄이나 왔으면 좋겠다는 것이 허탈한 나의 마음이었다. 그때 그나마 무력한 나의 삶에 작은 도움이 되었던 시가 하나 있었다.

'삶이 그대를 속일지라도 슬퍼하거나 노하지 말라

슬픈 날엔 참고 견디라

즐거운 날이 오고야 말리니 마음은 미래를 바라느니

현재는 한없이 우울한 것

모든 것 하염없이 사라지나 지나가 버린 것 그리움 되리니

삶이 그대를 속일지라도 노하거나 서러워하지 말라

절망의 나날 참고 견디면 기쁨의 날 반드시 찾아오리라

마음은 미래에 살고 현재는 언제나 슬픈 법

모든 것은 한없이 사라지지만 가버린 것은 마음에 소중하리라

삶이 그대를 속일지라도 슬퍼하거나 노하지 말라

우울한 날들을 견디며 믿으라 기쁨의 날이 오리니

마음은 미래에 사는 것 현재는 슬픈 것

모든 것은 순간적인 것, 지나가는 것이니

그리고 지나가는 것은 훗날 소중하게 되리니

삶이 그대를 속일지라도 슬퍼하거나 노하지 말라

설움의 날을 참고 견디면 기쁨의 날이 오고야 말리니

마음은 미래에 사는 것 우울한 날들을 견디며 믿으라'

- 삶, 푸쉬킨

푸쉬킨의 삶이란 시를 되새기면 그래도 힘이 조금 났다.

지금 이처럼 고달프고 힘든 내 인생도 언젠가 좋은 일들이 일어날 것 같다는 희망이 생겼기 때문이다. 싸라기눈 같은 내 인생이 함박눈으로, 얇다란 초승달 같은 내 인생이 커다란 보름달로, 좁디좁은 오솔길 같은 내 인생에 언젠가 8차선의 고속도로가 되리라는 희망을 이 시가 나에게 품게 해줬다. 푸쉬킨이 말한 기쁨의 날이 나에겐 하나님이었다는 사실을 당시에는 알지 못했다.

그렇게 봄이 되자마자 나는 친한 친구를 따라 첫 종교생활을 하게 됐다. 뭔지도 모르고 무작정 좋은 곳이래서 따라갔더니 간판에 대순진리회라고 적혀 있었다. 처음엔 불교의 한 종파인 줄 알았으나 잘 살펴보니 불교시설은 아닌 것 같았다.

모인 사람들은 앞에서부터 줄을 지어 무언가에 절을 하며 계속 이동했다. 어떤 사람이 나를 찾아와 조상을 잘 섬기라는 말에 알겠다고 퉁명스럽게 대답을 하고 나왔다.

그리고 다음 주가 되자 친구가 또 나를 불렀다. 나는 "이제 가지 않겠다"고 했으나 친구가 이번에는 다른 곳이라며 간곡히 부탁했다. 그렇게 나는 두 번이나 더 친구를 따라 그곳에 갔다. 내가 거절을 할까봐 한 번은 다른 아주머니 2명까지 데리고 왔고, 이상한 버스를 타고 여주까지 가서 새로 짓는 도당까지 보여주었다.

내가 갈 때마다 그 사람들은 자기들이 얼마나 좋은 일을 많이 하고 또 계획 중인지 열성을 다해 설파했다. 그러나 부처에게도 절하고, 이상한 옛날 초상화에 절을 하며 알 수 없는 말을 하는 모습들은 종교에 전혀 관심이 없는 내가 봐도 멀쩡한 모습은 아닌 것 같았다. 결국 여주에 있는 도당에 들러 서울로 올라오는 길에 친구에게 단호하게 "앞으로는 부르지 말라"며 선을 그었다.

사실 나는 그 전부터 계속해서 교회에만 관심이 있었고, 하나님이 누구인지, 예수님이 뭐하시는 분인지를 알고 싶었다.

지금 생각해보면 도대체 무슨 생각이 들어 이런 곳을 갔는지 모르겠다. 아마도 하나님이 주신 기회를 내가 모른 척하니 그 사이 잘못된 길로 빠지게 하려는 마귀의 계략인 것 같다는 생각이 아닐까 한다. 그나마 다행인 것은 깊이 빠지지 않고 흥미를 잃어 금세 나왔다는 것 정도일까? 지금 돌이켜보면 포교를 위해서 나를 들볶았던 그 사람들의 열정 때문에 그 먼 여주까지 가고 몇 번이라도 그곳에 간 것이 아닌가 싶다. 그리고 다시 생각해보면 '지금의 나에게는 과연 그런 열정이 있는가', '또 지금 시대를 살아가는 우리 크리스천들에게는 이만큼의 열정이 있는가' 함께 생각해보고 변화되었으면 좋겠다.

"도둑이 오는 것은 도둑질하고 죽이고 멸망시키려는 것뿐이요 내가 온 것은 양으로 생명을 얻게 하고 더 풍성히 얻게 하려는 것이라" - 요한복음 10:10

조금도 불편한 기색도 없었다

계속 관심을 가지면서도 교회에 가지 못하고 주변만 빙빙 돌던 내가 어이없는 계기로 드디어 교회를 나가게 되었다.

옆집 아주머니가 나를 볼 때마다 교회를 가자고 귀가 따갑게 말을 하고, 주일날마다 찾아와 교회를 가자고 권유를 했는데, 거절을 하다하다 마지못해 겨의 끌려가다시피 나가게 된 것이다.

서울에 있는 한 작은 교회였는데 들어가니 내가 늑장을 부린 탓인지 이미 찬송을 부르고 있었다. 무슨 노래인지 모르겠으나 열심히 따라 부르려고 하고, 교독문이 뭔지도 몰라 그냥 눈치껏 따라하다 말씀 시간에 목사님이 하시는 말씀이 도무지 하나도 이해가 안 되어 중간에 밖으로 나왔다. 답답한 마음에 습관처럼 담배를 피다가 교회는 올 곳이 안 된다는 생각에 그냥 말도 없이 집으로 돌아왔다.

아주머니에게 조금 미안했으나 해방되었다는 안도감이 훨씬 컸다. 그리고 이상하게 대순진리회를 친구에게 끌려갔을 때와는 달리 마음이 불편하지 않았다.

다음 주에는 교회에 가자는 아주머니를 피해 친구를 만나 막걸리를 마셨다. 오랜만에 본 친구라 둘 다 얼큰히 취해 돌아가고 있었는데, 갑자기 옆 지하에서 익숙한 찬송소리가 들렸다. 지하에 있는 교회에서 저녁 집회 중이었다.

문득 저번 주에 교회에 갔던 일이 생각나 친구에게 저번 주에 내가 교회란 곳을 가봤다고 하니 친구가 장난기가 발동했는지 "그럼 여기도 교회 있으니 우리 한 번 들어가보자"라며 나의 손을 잡아 끌었다. 들리던 찬송가를 술에 취해 흥얼거리며 들어갔더니 예배가 이미 끝나있었다.

술 냄새를 펄펄 풍기며 들어온 우리가 제법 불편했을 법 했지만 성도님들은 조금도 불편한 기색이 없었다. 오히려 예배가 오늘은 끝났으니 다음 주에 꼭 오시라며 환한 미소로 반겨주었고, 따뜻한 커피까지 타주었다.

다시 거리로 나왔는데 나도 모르게 입에서 할렐루야가 나왔다. 무슨 뜻인지도 모르고 친구와 나는 크게 할렐루야를 외치며 집으로 돌아왔는데, 그때 반겨준 성도님들 덕분에 교회에 대한 마음이 많이 열리고 이후에 신앙생활을 열심히 해야겠다고 결심하게 된 중요한 계기가 되었다.

만약 그때 그 교회 사람들이 우리가 술에 취해서 들어왔다고
내쫓거나 눈치를 주었으면 아마 나는 다시는 교회를 가지 않았
을 것이다. 물론 술에 취해 장난스럽게 교회를 들어간 것은 잘못
한 일이다.

하지만 교회가 원래 어떤 곳이던가?

세상에서 받아줄 수 없는 사람들을 받아주고 품어주는 곳이
교회다. 그런데 요즘 교회들은 그런 모습이 많이 희석된 것 같다.
하지만 적어도 나는 술에 취해 인사불성이 된 사람들조차 받아
주는 배려와 사랑의 모습에 마음의 문을 열었고, 취해서 집에 가
는 길에 입에서는 할렐루야가 나왔다.

이것이 아마 예수님이 이 땅에 오셔서 낮은 사람들과 함께 하
셨던 사랑과 은혜가 아닐까 나는 생각한다. 그리고 그 사랑은 베
풀기만 하면 누구에게든 전염이 될 수 있다고 믿는다.

"또 누구든지 제자의 이름으로 이 작은 자 중 하나에게 냉수 한 그
릇이라도 주는 자는 내가 진실로 너희에게 이르노니 그 사람이 결
단코 상을 잃지 아니하리라 하시니라" - 마태복음 10:42
"삼가 이 작은 자 중의 하나도 업신여기지 말라 너희에게 말하노니
그들의 천사들이 하늘에서 하늘에 계신 내 아버지의 얼굴을 항상
뵈옵느니라" - 마태복음 18:10

14

도무지 무슨 이야기인지…

그렇게 처음으로 교회를 나간 뒤에 비록 머리도 복잡하고 이해도 되지 않았지만 그래도 교회를 나가야겠다는 생각이 계속해서 맴돌았다.

'처음에는 그냥 종교생활을 하고 싶은 것인가'하는 생각이 들었지만 아무리 생각해도 어렸을 때 엄마를 따라 갔던 절은 아닌 것 같았고, 친한 친구를 따라 몇 번 갔던 대순진리회도 아닌 것 같았다. 그래서 다시 마음을 먹고 회사에서 교회를 잘 다니던 후배를 찾아가 물었다.

"하나님을 어떻게 믿으면 되는 거야? 그냥 교회에 가면 돼?"

그랬더니 자기가 아는 부서의 집사님을 소개시켜 줄 테니 따라서 교회를 나가보라고 했다. 나는 그때도 직분을 잘 몰라 집사면 교회에서 살아야지 일을 왜 하냐고 물으니 친절히 가르쳐 주었다. 어쨌든 그렇게 주일이 오고 약속장소에 나가 그분을 기다렸다. 평소 회사에서 몇 번 마주쳤을 뿐 친하게 지내지는 않았다.

가볍게 인사를 하고 교회를 따라가니 의자도 없이 방바닥 같은 곳에 이십 여명의 남녀가 모여 앉아 노래를 부르다가 내가 들어가니 뒤에 안내하시는 분이 반겨주셨다. 자리를 안내해주며 성경책도 같이 주었는데, 슬쩍 펴보니 작은 글씨가 깨알처럼 빼곡히 박혀 있었다. 이 글씨를 다 읽어야 하는 것인가라는 생각이 들어 순간 숨이 막혔다.

이윽고 찬양이 시작됐고 열심히 불러봤으나 한 번도 들어보지 못한 노래라 심히 어설펐다. 그리고 나이가 좀 들어 보이는 아주머니가 일어나 주님을 부르며 기도를 했는데 마치 책을 읽듯이 말 한마디 한마디가 간절함이 들어있다.

그리고 잠시 후 목사님의 설교가 시작되었다. 원고도 없이 살아계신 하나님과 그에 아들 예수님에 대해 열정적으로 이야기했다. 목사님의 나이는 육십 대 초반 같았는데 처음 듣는 이야기라 도무지 무슨 이야기인지 나는 알 수 없었으나 다른 사람들은 아멘을 위치며 화답을 했다.

사십 여분이 지나니 이상한 바구니가 내 앞으로 온다. 다른 사람들이 돈을 넣는 것을 보고 급히 지갑에서 지폐를 꺼내 넣었다. 마지막 노래를 한다며 일어나서 노래를 부른다. 이제 끝난 것 같아 일어나 저린 다리를 움직이며 나가려 하니 목사님이 오셔서 악수를 하며 잘 왔다며 등을 두드린다. 밖에서 쉬고 있는데 나를 인도해준 집사님이 교회에 들어와서 차 한잔하자고 한다. "형제 님"이라는 낯선 존칭이 어색했고, 교회에 처음 나온 것이라 아무 것도 모른다고 이야기 하니 잘 왔다며 다음 주부터 계속 집사님 이랑 같이 나오라 했다.

그러고는 웃으면서 "교회에는 담배를 가지고 오시면 안 됩니다" 라고 하셨다. 무슨 얘기인가 싶어 가슴을 슬쩍 보니 와이셔츠 앞 주머니에 넣어놓은 담뱃갑을 보였다.

당시 나는 이런 기본적인 것도 전혀 모르던 상황이었다. 머쓱 해서 바로 안주머니에 담뱃값을 옮겨 넣고 아직 담배는 끊지 못 했지만 교회에 갈 때는 항상 담배가 보이지 않게 신경을 썼다.

그렇게 첫 예배가 끝이 났다.
집으로 오니 오전에 목사님이 하던 이야기가 생각이 난다.
'예수를 믿어야 구원을 받는다.'
'천국이 정말 있는가?'
궁금증이 계속 생기며 어린 시절에 우리 마을에는 교회가 없 어 지금까지 관심도 없이 지내왔는데 이제 와서 무슨 상관일까 라는 생각과 예수님을 믿어야 구원을 받는다는 이야기가 마음속 에 자리를 잡고 떠나지를 않는다.
정말 천국과 지옥이 있을까!
돌 하나만 놓고도 믿으면 된다는 종교에 대한 나의 생각은 사라지고 이 세상을 살면서 죽음은 피할 수 없는 것인데, 그 죽음 뒤에 오는 필연적인 삶이 지옥이라면 이 세상의 삶도 힘든 판에 죽어서까지 얼마나 억울하고 허무할까라는 생각이 들었다.

교회에 다녀온 한 주가 이런 생각으로 지나갔다.

그렇게 여전히 아무것도 모르는 상태였지만 나의 마음은 계속되는 질문으로 교회에 해답이 있다는 생각이 들었고 그로부터 매주 교회에 나가는 신앙생활이 시작됐다.

세상 사람들은 누구나 인생에 의문을 가지고 살아간다.

그때가 언제든지 반드시 그 생각이 드는 때는 찾아온다. 남 부러울 것 없었던 삼성의 창업주 이병철 회장도 죽기 전에 종교적인 질문들을 공개적으로 남기지 않았던가? 결국 믿는 사람들의 삶에, 그리고 그들이 모이는 교회에 그 답이 있다는 것을 사람들이 알게 하는 것이 결국은 가장 중요한 일인 것 같다고 생각한다.

"누구든지 주의 이름을 부르는 자는 구원을 받으리라"

- 로마서 10:13

15

아침에 들뜬 마음으로

'주 예수보다 더 귀한 것은 없네
이 세상 부귀와 바꿀 수 없네
영 죽을 내 대신 돌아가신
그 놀라운 사랑 잊지 못해
세상 즐거움 다 버리고
세상 자랑 다 버렸네
주 예수 보다 더 귀한 것은 없네
예수 밖에는 없네'

다시 찾아온 예배 시간에 이 찬양을 불렀다. 제법 멜로디가 귀에 익어 열심히 부르다 문득 이런 생각이 들었다. '예수님이 누구이기에 이처럼 그 무엇하고도 바꿀 수 없다 하

나?'

찬송이 끝나고 대표로 기도하는 집사님의 모습을 보니 진정성이 느껴졌다. 그리고 목사님이 설교를 시작하셨다.

"시몬 베드로가 대답하여 이르되 주는 그리스도시요 살아 계신 하나님의 아들이시니이다 예수께서 대답하여 이르시되 바요나 시몬아 네가 복이 있도다 이를 네게 알게 한 이는 혈육이 아니요 하늘에 계신 내 아버지시니라" - 마태복음 16:16-17

'하늘에 계신 내 아버지!'
하늘에 계신 아버지를 베드로는 어떻게 알고 있을까?
하늘에 계신데 어떻게 예수님을 보내셨을까?
그 예수님이 어떻게 세상을 구원하실까?
내가 지금 여기 있는 것도 하나님의 인도하심일까?
이런 생각들이 계속해서 들며 갑자기 가슴이 뭉클해지기 시작했다. 나도 모르게 이전에 흘려보지 못했던 뜨거운 눈물이 양 볼을 적셨다. 예상하지 못한 일에 나의 마음은 크게 요동쳤다. 옆사람에게 들킬까봐 고개를 숙인 체 눈물을 닦고 또 닦아냈다. 이윽고 전에 느끼지 못한 평안함이 마음을 감싸며 진정이 되었다.
'베드로가 하나님을 알았던 것도 이런 마음이었을까?'
'나에게 복음을 전한 그 사람들도 다 이것을 경험한 것인가?'
그동안 '이 하나님을 만난 사람들이 용기를 내 나에게 증거했던 예수님을 나는 왜 알지 못했을까?'라는 자책이 들었다. 그동안 나에게 예수님을 전하던 사람들의 얼굴과 음성이 떠오르며 다시 한 번 눈시울이 붉어졌다.

> "하나님이 세상을 이처럼 사랑하사 독생자를 주셨으니 이는 그를 믿는 자마다 멸망하지 않고 영생을 얻게 하려 하심이라 하나님이 그 아들을 세상에 보내신 것은 세상을 심판하려 하심이 아니요 그로 말미암아 세상이 구원을 받게 하려 하심이라 그를 믿는 자는 심판을 받지 아니하는 것이요 믿지 아니하는 자는 하나님의 독생자의 이름을 믿지 아니하므로 벌써 심판을 받은 것이니라"
>
> - 요한복음 3:16-18

예수님을 믿으면 용서와 구원을 받는다. 그리고 영생을 얻는다. 아무 것도 몰랐지만 그날 받은 은혜로 이 사실이 확실히 믿어졌다. 잠깐의 예배시간이 마치 긴 터널을 지나 광명을 찾은 것 같았다. 어둠에서 희망을 찾은 듯 새로이 태어난 어린아이같이 나의 마음은 예수 그리스도로만 가득했다. 마치 방금 태어난 아기가 아무것도 모름에도 본능적으로 엄마의 젖을 찾듯 전에 알지 못하던 목마름으로 예수님을 알고 싶어졌다.

이런 변화가 티가 났는지 옆에 앉아 있던 집사님이 "형제님 은혜를 받으셨군요"하며 밝게 웃으며 나의 손을 잡아주었다. 집에 돌아가는 날씨는 쌀쌀했지만 나의 몸은 활력이 넘쳤고 발걸음은 나비처럼 가벼웠다.

'주 예수보다 귀한 것은 없네.

세상 명예와 부귀와 바꿀 수 없네!

이 세상 행복과 바꿀 수 없네.'

오늘 들은 찬양을 계속 반복하며 집으로 돌아왔는데, 이전과는 달리 더 이상 마음 속 어둠이 느껴지지 않는 것을 깨달았다.

'하나님이 누구이기에 나의 마음을 사로잡아 이런 평안을 주실까?'라는 생각에 나도 이 평안을 누구에게나 알게 해주고 싶었다. 목마르고 갈급한 나는 생명수를 마신 것처럼 알지 못하는 새 힘이 솟아나는 듯 했다. 마치 성경에 나오는 예수님께 생명수를 받은 여인 같았다.

> "여자가 물동이를 버려두고 동네로 들어가서 사람들에게 이르되
>
> 내가 행한 모든 일을 내게 말한 사람을 와서 보라 이는 그리스도
>
> 가 아니냐 하니 그들이 동네에서 나와 예수께로 오더라"
>
> - 요한복음 4:28-30

아침에 일어나니 밤새 눈이 내려 온 세상이 하얗게 되었다.

내 마음을 나타내고 있는 것 같다는 생각이 들어 출근길의 발걸음이 한결 가벼웠다. 그런 내 얼굴을 본 친구와 선배들이 "무슨 좋은 일이 있냐?"며 다가와 말을 걸었고 나는 "교회에 다녀온 후에 마음에 평안과 기쁨이 생겨서 기분이 좋다"고 했다. 여자 친구라도 생긴 줄 알았던 동료들은 고개를 저으며 떠나갔지만 나는 빨리 한 주가 지나 다시 교회에 갔으면 하는 마음뿐이었다.

시간이 왜 이리 안 가는지... 왜 이리 시간이 더디 가는지... 전에는 그토록 한주 한주가 빠르게 지나가더니 시간이 마치 멈춘 것 같았다.

마침내 토요일이 왔고 저녁에 목욕탕에 들러 교회에 갈 준비를 했다. 개운한 마음으로 교회 갈 생각을 떠올리니 다시 내 입술에서는 생각지도 않던 노래가 나왔다.

'주 예수보다 귀한 것은 없네...'

다음 날 아침 들뜬 마음으로 다시 교회에 갔다. 반갑게 맞아주며 악수를 해주는 목사님과 성도님들의 손이 마치 어린아이가 밖에서 놀다가 언 손을 잡아주는 어머니에 손길 같이 느껴졌다.

16

정신없이 울다가

그렇게 신앙생활을 시작하게 된 나는 신년을 맞아 기도원까지 다녀왔다. 교회에서 신년을 맞아 기도원을 가자는 말이 나왔기 때문이다. 교회에는 열심히 다녔지만 기도원이라는 곳 자체가 어떤 곳인지를 몰랐고, 이런저런 소문으로는 좋지 않은 이야기도 많이 들려서 어쩐지 피해야 할 것만 같았다. 그러나 같이 사역하는 선생님들과 목사님의 권유로 결국 함께 가기로 했다. 간단한 세면도구와 옷가지를 챙겨 새해 첫날 교회를 갔다. 예배를 드리고 떡국을 먹었는데 입에 넣으니 살살 녹듯이 넘어갔다.

어린 시절에 뭣도 모르고 엄마랑 같이 절에 가서 먹던 음식이 생각이 났다. 엄마를 따라 종종 절에 따라갔지만 그림도 무섭고,

절도 힘들고, 스님과 나누는 대화도 이해하기 어려워 그 이후로는 절과는 발을 끊고 살았었다. 그런데 지금 교회 생활을 생각해 보니 그처럼 싫어했던 절에서의 생활과 너무 비슷했다. 내가 어떻게 이렇게 변할 수 있는지 스스로도 신기했다.

은혜를 많이 받고 오라는 목사님께 인사를 드리고 선생님들과 몇몇 집사님들과 차를 타고 출발했다. 버스를 타고 마석에 내렸는데 눈이 많이 내려 길이 미끄러워 2시간이 넘게 걸렸다. 다시 가평으로 가는 버스를 타야했는데 역시 제때 오질 않았다. 한참을 기다린 끝에 겨우 도착한 낡은 버스를 타고 가는 동안 눈 덮인 소나무와 앙상한 가지위에 소복소복 쌓여 있는 눈을 보다보니 어릴 적 생각이 났다.

뒷동산에서 눈썰매 타던 친구들과 불을 피워 고구마를 구워 먹던 일... 검정 숯을 서로의 얼굴에 칠하며 웃던 모습과 닥나무 껍질로 팽이를 돌리던 일, 커다란 얼음으로 배를 만들어 타다가 얼음이 갈라져 젖은 양말과 바지를 불에 말리다 너무 가까워 불에 구멍이나 집에 가서 꾸중을 들었던 일... 한참을 동심에 빠져 즐거운 추억을 회상하다보니 어느새 목적지에 도착했다.

그러나 기도원에 가기 위해서는 여기서도 한 시간을 더 걸어야 했다. 산이라 그런지 기도원을 가는 길은 눈이 더 많이 내린 것 같았다. 발목 위까지 눈이 차올랐으나 남겨진 발자국을 보니 이미 많은 사람들이 기도원을 향해 갔던 것 같다. 도대체 기도원이 뭐길래 이 고생을 하며 이 많은 사람들이 가 있는 것인지 궁금했다.

마침내 도착한 기도원은 내 생각보다 훨씬 컸다. 이런 산속에 이렇게 큰 건물이 있을 줄은 꿈에도 몰랐다. 넓은 정원에는 사람들이 삼삼오오 모여 이야기를 하고 있었고 커피 자판기 앞에서 들어갈 순서를 기다리는 사람들이 많았다. 어리둥절한 모습으로 머쓱하게 집사님과 선생님들과 들어간 곳은 체육관 같은 거대한 마루가 있는 예배당이었다.

여기서 숙박을 하는지 이부자리가 깔려 있는 곳도 많았고 나와 같이 막 도착해 자리를 잡는 많은 사람들도 많았다. 그리고 북적대는 가운데 계속해서 무릎을 꿇고 기도하는 사람들도 몇몇 있었다. 난방은 되지 않는 듯 바닥이 냉골이어서 다른 사람들처럼 나도 준비해 간 이불을 깔고 앉았다. 집회 시작 시간은 아직 1시간 정도 남아있어 자리를 맡아 둔 뒤에 우리 일행은 국수를 먹으러 나갔다.

날이 춥고 오는 동안 고생을 해서 그런지 세상에서 이렇게 맛있는 국수는 처음 먹어보는 듯 했다. 배를 채우고 잠시 쉬고 있는데 예배당에서 음악소리가 나는 것을 듣고 서둘러 집회장으로 들어갔다. 아까보다 훨씬 많은 사람들이 있어 미로처럼 겨우겨우 자리를 찾아갔다.

찬양인도자가 열정적으로 노래를 불렀는데 당시 나는 그런 모습을 본 적이 없어 무슨 가수가 나와서 노래를 하는 줄 알았다.

뜨거운 열기가 회중을 가득 채웠고 손을 들고 부르는 사람, 여기저기 뛰는 사람, 눈물을 흘리는 사람 등 처음 접하는 예배 환경에 나는 정신을 잃을 지경이었다. 그렇게 찬양과 기도를 반복하다 보니 원장님이신 목사님이 나오셔서 말씀을 선포했다. 목사님의 한 마디 한 마디에 자리에 모인 사람들은 아멘을 크게 외쳤다. 나는 무슨 약속이라도 한 줄 알았다.

그렇게 약 1시간 정도 지나자 집회가 끝이 났고, 잠시 휴식한 뒤 다시 철야 예배가 시작된다고 했다. 우리 일행은 다시 컵라면으로 배를 채우러 나왔다. 커피 한 잔을 하며 담소를 나누는데 다시 음악소리가 들렸다. 철야 예배는 중년의 여자 강사가 강단에 올라와 말씀을 증거했다.

> "자기 자신은 광야로 들어가 하룻길쯤 가서 한 로뎀 나무 아래에 앉아서 자기가 죽기를 원하여 이르되 여호와여 넉넉하오니 지금 내 생명을 거두시옵소서 나는 내 조상들보다 낫지 못하니이다 하고 로뎀 나무 아래에 누워 자더니 천사가 그를 어루만지며 그에게 이르되 일어나서 먹으라 하는지라" - 열왕기상 19:4-5

너무나 유명한 엘리야의 로뎀 나무 이야기였지만 당시 나는 완전히 처음 듣는 이야기였다. 열심히 귀를 기울였지만 도저히 이해하기가 힘들었다. 그렇게 2시간이 걸려 말씀이 끝나고는 기도하는 시간으로 이어졌다. 강사는 기도제목을 하나씩 주면서 인도했는데, 특히 회개에 대한 것을 강조했다. 그러다 갑자기 가족과의 관계로 잘못한 것이 있으면 회개를 하라고 선포했다.

여전히 분위기가 익숙하지 않았던 나는 그저 남들을 따라서 주여삼창을 하고 기도를 나름대로 하기 시작했다.

그런데 몇 번이나 주님을 불렀을까!

갑자기 목이 메이며 가슴에 있던 설움과 미움이 봇물 터지듯 쏟아져 나왔다. 순식간에 눈물과 콧물이 범벅이 되었지만 멈출 수가 없었다. 그동안 살면서 부모님과 형제를 미워하고 원망했던 일들이 영상같이 스쳐 지나갔다. 내 욕심만을 내세우며 부모님과 형제들에 말을 거슬리며 했던 일들이 너무나 큰 잘못이라는 것을 살면서 처음으로 그날 느꼈다.

나도 모르게 예수님 앞에 내려놓는 기도를 시작했다.

얼마나 시간이 흘렀는지 기억도 안 날 정도로 울부짖다가 문득 고개를 들어보니 남아 있는 사람이 몇몇 없었다. 옆에 앉아 계신 집사님이 등을 두드려 위로해주셨다. 새벽 2시가 다 되어가고 있었다. 일어나 나가려는데 다리가 휘청거렸다. 그 정도로 무아지경으로 나는 가족을 향한 죄를 회개하고 하나님이 주시는 넘치는 은혜를 받았던 순간이었다.

밖으로 나오니 이미 많은 사람들이 집으로 돌아갔다. 우리도 새벽 예배를 마치고 돌아가기로 했다. 나 역시 바로 출근을 해야 했다.

철야 예배와는 다르게 새벽 예배는 금세 끝이 났다.

어제 왔던 그 고생길을 그대로 거쳐 돌아갔다. 잠도 제대로 자지 못해 몸은 더욱 힘들었고, 동이 트기 전이라 새벽바람은 더욱 매서웠다.

그러나 어제 경험했던 은혜의 순간들이 영화처럼 내 머릿속에 남아있었다. 그래서인지 몸이 힘든 가운데도 새로운 세상을 만난 듯 용기와 새 힘이 솟는다.

어느덧 버스는 마석에 도착했다.

올해 첫 출근을 하는 사람들로 정류장이 북적였다. 그 사람들을 보니 나도 정신이 번쩍 들었다.

'나도 어서 출근을 해야 하는데...'

첫날부터 늦을 수는 없었다. 집에 들렀다 다시 출근하려면 시간이 넉넉하진 않았다. 다행히 집에 오니 누나가 밥을 해 놓고 기다려 든든하게 출근을 할 수 있었다. 기도원을 다녀온 것은 따지면 다 하루지만 그 하루로 인해 새해를 맞는 나의 첫 출근 예년과는 다른 모습이었다. 그동안은 새해를 술로 보내고 술로 시작해 첫 출근이 힘이 들었는데 지난밤을 예배와 기도로 밤새다 시피 하고 온 몸이었음에도 오히려 활력에 생기가 넘쳤다.

다시 직장생활로 돌아와 새해인사를 나눈 동료들은 요즘 내가 너무 밝아진 것 같다며 무슨 좋은 일이 있는지 다시 묻곤 했다. 그럴 때마다 나는 신이 나서 기도원에 갔던 이야기를 해줬는데 전에 교회에 갔던 이야기보다 더 급히 흥미를 잃고는 오히려 너무 깊이 빠지면 안 좋다는 말을 툭 던지고들 사라졌다.

그러나 나는 이미 무엇이 진짜 중요한 것인지를 알았기에 동료들의 반응과는 상관없이 다시 주일이 오기만을 기다렸다. 다가오는 주일은 교회를 더 일찍 갔다. 기도원을 갔다가 목사님의 권유로 주일학교 선생님으로 섬기게 되었기 때문이다.

다닌 지 얼마 안 되어 아무것도 모르는 나였지만 무엇이든지 시키는 대로 열심히 하겠다며 순종했다. 주일학교 예배가 어떻게 드려지는지 잘 몰라 일단 뒤에서 보고 있었다. 함께 손을 잡고 율동을 하는 것을 보고 내가 저걸 할 수 있을까 고민하고 있는데 갑자기 인도하시는 선생님이 나를 소개했다.

얼떨결에 미소를 지으며 일어섰는데 다음 주부터 우리와 함께 공부할 선생님이라고 벌써 말을 해버리셨다. 얼굴이 벌게져 잘 부탁한다며 인사를 했다. 예배가 끝나고 아이들을 데려다 주어야 했는데 함께 모여 노래를 부르며 이동했다.

'아름다운 마음들이 모여서
주의 은혜 나누며 예수님을 따라
사랑해야지 우리 서로 사랑해
하나님이 가르쳐준 한가지 네 이웃을 내 몸과 같이
미움 다툼 시기 질투 버리고 우리 서로 사랑해'

나는 처음 듣는 노래였지만 가사가 참 좋다고 생각했다.

다시 예배에 참석했다. 목사님들과 성도님들이 함께 어우러져 기도원에 다녀온 은혜를 서로 나누고 전심을 다해 예배했다. 그리고 다음 주부터는 예배 전에 집집마다 들러 아이들을 데리러 갔다. 간혹 주무시고 계시는 부모님도 있어 죄송했지만 그래도 아이들을 데려오는 것이 나의 일이었기에 어쩔 수 없었다. 그렇게 아이들과 모여 찬양을 하고 말씀을 듣는 시간이었는데 아이들의 눈높이에 맞춰 동화구연처럼 해서인지 내 귀에도 쏙쏙 들어왔다.

그날의 말씀은 집 나간 탕자의 비유였는데 둘째 아들의 이야기를 듣다보니 마치 내 이야기인 것 같아서 눈물이 계속 흘렀다. 결국 예배에 방해가 될까봐 중간에 나와 혼자 눈물을 삼켰는데, 비록 부모님 재산은 훔쳐오지 않았지만 부모님의 사랑을 외면하고 계속해서 마음속으로 원망하고 있던 나의 모습과 그럼에도 때마다 찾아오시고 연락하시던 부모님의 모습, 자취를 할 때마다 찾아오셔서 밥을 해주시고 정류장에서 따스하게 손을 잡아주시던 어머님의 사랑이 떠오르며 계속 눈물이 흘렀다.

그렇게 정신없이 울다가 겨우 진정해 들어가니 어느새 예배가 끝나 있었다. 눈물을 서둘러 닦고 아이들을 데려다 주는데 한 아이가 물었다.

"선생님 어디 아파요?"

마음이 아파서 그러는데 교회 와서 다 나았다고 대답한 뒤 다시 밝은 모습으로 아이들을 데려다 주었다. 그렇게 감정은 진정되었지만 그날 예배 중에도 부모님 생각에 목사님의 이야기는 귀에 들어오지 않았다. 뭐 하나 해드린 것도 없으면서 계속 원망만 했던 내가 천하의 불효자라는 생각이 들었다. 그러면서 절대로 변할 것 같지 않았던 마음이... 그리고 불효를 하면서 불효인 줄도 몰랐던 나의 마음이 깨달아지고 변화되어지는 것이 다 예수님 덕분이라는 생각이 들었다.

예수님을 만나 구원을 받는다는 것은 단순히 죽음 이후의 일을 말하는 것만은 아닌 것 같았다. 믿고 얼마 되지도 않아 마음의 변화가 이토록 극적으로 일어날 수 있다니, 정말로 기적이라는 말이 아니고서는 설명할 수 없었다. 이처럼 예수님을 만난 건 나의 인생에 정말로 기적과 같은 일이었다.

설을 앞두고 고향에 내려갈 생각에 마음이 분주해졌다.

짐을 챙기며 나도 모르게 성경을 먼저 짚어드는 것을 보니 확실히 예전에 비해서 뭔가 달라지긴 한 것 같다는 생각이 들었다. 때마침 주일날이 설날이어서 기차역은 더욱 붐볐다. 귀성길은 경쟁이 워낙 치열해 표를 구하지 못해 입석을 겨우 구해 내려가는 내내 통로에 서 있었다.

지금 부모님은 원주로 이사를 하셔서 내가 나고 자란 정든 고향은 아니었지만 그래도 부모님이 계시고 형님과 형수님 조카들이 있는 집이기에 장소는 그리 중요치 않았다. 예전과는 달리 동네에는 아는 사람 하나 없지만 명절이나 부모님 생신 때는 오며 가며 낯이 익었기에 이제 제법 고향이라는 생각이 든다. 목적지에 내리는 사람도, 다시 버스에 타는 사람도 만원을 이룬다. 그렇게 고생을 하며 비포장도로를 버스로 내리달려 드디어 부모님이 계시는 고향에 도착했다.

벌써 음식을 준비하시는지 저 멀리 보이는 부모님의 집 굴뚝에선 연기가 피어오른다. 주일학교의 설교 내용과 기도원에서의 기도가 떠올라 갑자기 눈물이 핑하고 돌았지만 잠시 마음을 진정시킨 뒤에 밝은 미소로 집을 찾았다.

마당에 들어서자마자 소가 우는 소리가 났다. 소죽을 쑤어 나르고 계시던 아버지가 반갑게 맞아주셨고, 나도 아버지 손을 맞잡으며 인사를 드렸다. 그새 손이 더욱 거칠어지셨다. 아버지는 살갑지 않던 막내가 갑자기 손을 덥석 잡으니 낯설으셨는지 엄마는 방에 있다고 대답을 하시며 황급히 손을 빼셨다.

방문을 열고 들어가니 엄마는 형수와 함께 만두를 빚고 계셨고 그날 저녁에는 오랜만에 형제들이 함께 모여 식사를 했다. 매년 명절 때는 저녁식사와 함께 술을 마시게 되는 것이 보편적인 한국 가정의 모습이고 우리 집도 마찬가지였다.

그런데 분위기가 얼큰해 서로 주고받고 하는 가운데에서도 내가 전과는 달리 술을 마시지 않자 큰 형님이 화를 내셨다. 교회에 다니기 때문에 술을 먹지 않는다고 했더니 조상도 몰라보는 이상한 종교를 왜 믿냐고 역정을 내셨다.

다음 날 새벽, 형님은 충주로 설 차례를 지내러 가셨고 나는 주일이었기에 아침을 먹고 챙겨온 성경책을 들고 교회를 찾아갔다. 시골 교회라 그런지 목사님네 가정과 몇몇 성도들만 예배를 드리고 있었다. 예배가 끝난 후 대화를 나누며 안부를 물으시길래 나는 저기 보이는 집의 아들이라고 대답했다. 목사님은 우리 부모님이 좋으신 어르신이라며 칭찬을 아끼지 않으셨다. 그리고 부모님을 꼭 전도하라는 부탁과 함께 배웅해주셨다.

전에 같으면 명절이면 과음으로 인한 숙취로 한나절은 누워 있었겠지만 더 이상 그런 삶은 살아가고 싶지 않았다. 아직 곳곳에 숨어있는 눈들을 마저 녹이려는 듯 따스하게 스며드는 햇볕을 쬐며 집으로 돌아온 나는 바로 부모님께 세배를 드리고 점심을 먹자마자 서울로 올라왔다. 서울은 아직 귀경전쟁이 끝나지 않았는지 역부터 거리까지 혼잡하지 않은 곳이 없었다. 내가 고향에서 보고 온 봄이 오는 풍경 등은 그 어디를 둘러봐도 보이지 않았다.

하나님의 창조성을 알지 못했던 나는 아예 세상을 바라보는 시각이 달라져 있었다. 시골을 둘러보며 느꼈던 봄의 기운들은 그동안 무수히 보고 또 지내왔던 봄과는 완전히 달랐었다. 움트는 새싹 하나만 바라봐도 하나님의 말씀의 능력과 창조의 아름다움이 감동이 되어 가슴 속에 밀려왔다.

말씀으로 창조하신 모든 것에 복을 주시는 하나님... 산에서 피는 이름 모르는 들풀, 구석진 곳에서 수줍은 듯 피는 개나리, 새벽마다 짹짹거리는 참새, 그 모든 것들을 향유하는 우리의 삶이야말로 그 어떤 것에도 비할 수 없는 하나님의 큰복인 것이다.

그동안은 왜 하나님을 아버지로 불러야 하는지 잘 이해가 되지 않았지만 이런 경험들을 통해 나는 우리 삶의 모든 것을 허락하시고 책임져주시는 분이 나의 하나님 아버지시라는 것을 분명히 깨닫게 되었다.

"하나님이 이르시되 내가 온 지면의 씨 맺는 모든 채소와 씨 가진 열매 맺는 모든 나무를 너희에게 주노니 너희의 먹을 거리가 되리라 또 땅의 모든 짐승과 하늘의 모든 새와 생명이 있어 땅에 기는 모든 것에게는 내가 모든 푸른 풀을 먹을 거리로 주노라 하시니 그대로 되니라" - 창세기 1:29-30

17

먼저 용서할 줄 아는 것

무 더운 여름 가운데 어느새 장마가 시작됐다.

며칠 째 빗줄기가 멈추질 않는다. 그 사이 나는 교회 근처로 자취방을 새로 얻었다. 그전에는 교회도 버스를 타고 가야했는데 이제는 걸어서 10분이면 가고 아이들을 데리러 가기도 훨씬 편했다.

주일날 교회에 일찍 도착하면 사모님이 간단히 컵라면을 끓여주셨는데 너무나 맛이 좋았다. 아이들과 조금이라도 더 오래 있고 싶고 교회 생활도 열심히 하겠다는 의지로 자취방을 옮겼는데 좋은 선택이었다고 생각했다.

장대비가 내리던 어느 주일날 예배를 끝나고 교회에 좀 머물렀다가 재정을 관리하는 집사님과 목사님이 크게 언성을 높이는 모습을 보았다. 서둘러 자리를 피해 자세한 이야기를 듣지 못했지만 전임 목사님과의 돈 문제인 것 같다는 생각이 들었다.

'교회를 팔고 다른 곳으로 가신 것인가?'라는 생각이 들었으나 당시 나의 머리로는 하나님의 전인 교회를 그런 식으로 매매를 한다는 것이 이해가 되지 않았다. 다만 얼마나 큰 돈인지는 몰라도 교회에서 돈을 가지고 언쟁하는 모습이 나에게 큰 충격이었다.

다음 주에 목사님을 찾아가 조심스럽게 여쭤보았지만 아무 일도 아니라며 그냥 넘어가셨다. 하지만 아무리 생각해도 별 문제가 아닌 것 같아 내가 도울 수 있는 부분이 있을까 싶어서 저녁에 다시 한 번 찾아갔다. 그랬더니 조심스레 어떤 문제인지 말씀을 해주셨다.

내 예상대로 역시 돈이 문제였다. 나는 하나님의 전인 교회가 돈 문제로 인해 어려워지는 것을 볼 수가 없어 다음 날 바로 적금을 해약해 교회를 찾아가 목사님께 건네 드렸다. 목사님이 도저히 받을 수 없다며 손사래를 치셨지만 거듭된 나의 부탁에 결국 받으셨다. 하지만 다음 주부터 재정을 관리하시던 집사님이 보이지 않으셨는데 알고 보니 그전부터 시작된 돈에 대한 갈등으로 다른 교회로 옮기셨다는 소식을 나중에야 듣게 되었다.

문제가 생기는 것이 싫어 적금까지 해약을 해 매듭지어보려던 나의 노력이 허사가 된 것 같아 슬펐고, 돈은 해결이 되었으니 감정적인 부분들은 서로가 이해하고 용서하면 되는 일이 아닌가 싶었지만 교회 안이라도, 어른들의 일이라도 그렇게 생각대로 돌아가는 것 같지는 않았다.

> "너희가 사람의 잘못을 용서하지 아니하면 너희 아버지께서도 너희 잘못을 용서하지 아니하시리라" - 마태복음 6:15

　분명히 하나님은 이렇게 말씀하셨는데 우리는 너무나 사소한 문제로 다투고 또 교회를 옮기는 것이 아닐까? 먼저 용서할 줄 아는 것이야 말로 예수님을 믿는 사람들의 특징이라 생각했는데. 교회에서도 서로 이해를 하지 못하고 반목하는 경우가 많은 것 같다. 가끔씩은 나처럼 아무 것도 모르는 상태에서 우직하게 하나님 말씀대로 살려고 노력하는 사람들이 더 순수하게 하나님 앞으로 나아가는 방법이 아닐까 생각이 들기도 한다.

18

작은 것이라도 보답을 받으니

한동안 날씨가 쾌청하다 다시 빗줄기가 거세졌다.

저녁에 뉴스를 보니 서울과 경기도 일부지역에 홍수경보가 발령 중이라고 속보가 나오고 있었다. 아닌 게 아니라 우리 동네도 버스 정류장과 저지대가 침수 되었다고 한다.

아침에 출근을 하는데 주인아주머니가 불러 세웠다.

"총각, 여기 마을 밑이 완전히 잠겼어. 복구하는 동안 사람들이 있을 곳이 없는데 출근해 있는 동안 방 좀 빌려주면 안 될까?"

사정이 딱해 거절하는 것도 예의가 아니라고 생각되어 편하게 쓰시고 라면과 김치도 있으니 꺼내 드시라고까지 말하고 길을 나섰다. 내려가며 보니 버스정류장은 완전 잠겨 작은 호수가 된 느낌이었다. 마음이 불안해 교회도 살짝 들러보았으나 다행히 교회는 잠기지 않았다. 하지만 오며가며 침수된 많은 집들을 보며 마음이 참 안타까웠고 작게나마 방이라도 잠시 빌려줄 수 있어 다행이라고 생각했다.

　정류장이 잠긴 곳이 많아 회사에 지각을 했으나 나뿐 아니라 많은 사람들이 비슷한 이유로 지각을 했다. 습도까지 높아 하루 종일 일을 하는 것이 고역이었고, 집에 돌아가는 버스도 사람이 너무 많아 불편했다. 짜증이 머리까지 솟아 집에 도착해 밥이나 빨리 먹고 자야겠다는 생각이 들었는데 냉장고 문을 여니 과일이 가득 차 있었다. 혹시 낮에 집에 머물다 간 사람들이 실수로 놓고 간 것 같아 주인 아주머니를 찾아가 물어보니 방을 쓰게 해줘서 고맙다고 두고 간 것이라고 말씀을 해주셨다.
　'그런 것을 바라고 한 일이 아닌데...'

　　"그러므로 무엇이든지 남에게 대접을 받고자 하는 대로 너희도 남
　　을 대접하라 이것이 율법이요 선지자니라" - 마태복음 7:12

　그러면서 세상 사람들이 황금률이라고 부르는 마태복음 말씀이 생각났다. 앞으로는 작은 호의라도 받으면 무조건 감사하고 능력껏 보답을 하는 사람이 되어야겠다는 생각과 함께 교회에 다니지 않는 사람들도 작은 호의에 감사할 줄 아는데 하나님을 믿는 우리들은 성도들끼리도 감사하고 배려하지 못하지 않는 것이 아닌가하는 생각이 들었다. 때로는 모든 것을 베풀어주신 하나님에 대해서도 말이다.

봄 나들이 노랑나비처럼

누구보다 뜨겁게 시작했던 신앙생활에도 슬럼프가 찾아왔다. 교회의 좋지 않은 일들을 목격해서인지 이전과는 다르게 주일날 제 시간에 눈을 뜨지 못하고 이런 저런 이유들을 찾아 교회를 빠지기 시작했다. 그런다고 신앙생활이 흔들리면 안 되겠지만 당시에는 나름 심각한 고민에 빠져 혼란스러워 마음을 결정하기가 힘들었다.

그러다 지루한 장마가 끝나고 토요일에 교회를 찾았다.

마침 선교원에서 일하시던 윤 선생님이 반갑게 맞아주었고, 커피도 타주셨다.

"요즘 안보여서 어디 가셨나 했어요."

"아, 일이 좀 있어서요. 교회는 비 피해가 없나요?"

다행이도 교회는 괜찮다고 하셨다. 아이들은 잘 나오냐며 묻고는 짧은 대화를 나누다 곧 집으로 돌아왔다. '내일은 어떻게 할까' 생각을 하며 멍하니 누워 있는데 처음으로 받은 전도지에 적혀있던 말씀이 떠올랐다.

> "나는 포도나무요 너희는 가지라 그가 내 안에, 내가 그 안에 거하면 사람이 열매를 많이 맺나니 나를 떠나서는 너희가 아무 것도 할 수 없음이라" - 요한복음 15:5

나는 예수님에게 붙어 있는 가지라고 분명히 말씀은 이야기하고 있는데 어쩐지 마음속에는 커다란 운동장 같은 빈터에 아무도 없이 혼자 있는 것 같은 외로움과 알 수 없는 갈망과 목마름이 가득했다.

> "내 안에 거하라 나도 너희 안에 거하리라 가지가 포도나무에 붙어 있지 아니하면 스스로 열매를 맺을 수 없음 같이 너희도 내 안에 있지 아니하면 그러하리라" - 요한복음 15:4

예수님이 말씀하신 열매가 내 삶에 없는 것 같았다.

분명 난 하나님을 만났는데... 은혜를 받았는데... 왜 또 삶이 이렇게 되었을까? 나는 예수님 안에 있을까? 내 안에 예수님은 있을까!

늦은 밤까지 많은 생각으로 잠을 이루지 못하다 새벽에야 잠이 들었다. 아침에 일어나보니 이미 주일학교 시간에는 늦어 갈 수가 없었다.

'또 반복이구나...'

낙심과 절망이 함께 밀려온다. 교회로 갈까 가지말까를 몇 번 생각하다 오늘도 집에서 쉬는 걸로 결정하고 다시 누웠다.

잠이 들려고 하는 순간 밖에서 부르는 소리가 나서 나가보니 교회 집사님이 찾아오셨다. 집에서 쉬고 싶다는 나의 말에도 늦더라도 교회를 꼭 가야한다며 문 밖에서 계속 기다리고 계셨다. 할 수 없이 빠르게 씻고 집사님을 따라 나섰는데, 2,3번 빠졌을 뿐인데도 교회가 완전히 낯설었다. 매번 앉아서 드리던 곳도 뭔가 어색해 조금 떨어진 곳에서 찬송을 따라 부르기 시작했다.

'주 예수 내가 알기 전 날 먼저 사랑했네

그 크신 사랑 나타나 내 영혼 거듭났네

주 내 맘에 늘 계시고 나 주의 안에 있어

저 포도 비유 같으니 참 좋은 나의 친구'

전날 내가 묵상한 말씀과 너무나 맞는 찬양이 아닐 수 없었다. 이 찬양을 반복해 부르는 동안 내 영이 육에서 빠져나와 하나님을 찬양하는 느낌이 들었다. 포도나무에 가지에 달린 포도송이처럼 나는 예수님 안에 예수님은 내 안에 계시는 느낌이 들었다. 교회에 억지로 끌려와 자리에 묶여 있던 것 같은 나의 모습이 어느새 성령의 기쁨을 누리며 생기가 흘렀다.

처음으로 부르는 찬송임에도 이 찬송으로 인해 내 마음은 봄 나들이를 하는 노란 나비처럼 훨훨 날고 있었다. 운동장에 혼자

서있던 마음같이 공허하던 나에 마음은 예수님은 더 이상 사라지고 그 안이 예수님의 사랑으로 가득했다.

> "그들이 조반 먹은 후에 예수께서 시몬 베드로에게 이르시되 요한의 아들 시몬아 네가 이 사람들보다 나를 더 사랑하느냐 하시니 이르되 주님 그러하나이다 내가 주님을 사랑하는 줄 주님께서 아시나이다 이르시되 내 어린 양을 먹이라 하시고 또 두 번째 이르시되 요한의 아들 시몬아 네가 나를 사랑하느냐 하시니 이르되 주님 그러하나이다 내가 주님을 사랑하는 줄 주님께서 아시나이다 이르시되 내 양을 치라 하시고 세 번째 이르시되 요한의 아들 시몬아 네가 나를 사랑하느냐 하시니 주께서 세 번째 네가 나를 사랑하느냐 하시므로 베드로가 근심하여 이르되 주님 모든 것을 아시오매 내가 주님을 사랑하는 줄을 주님께서 아시나이다 예수께서 이르시되 내 양을 먹이라" - 요한복음 21:15-17

목사님의 설교 말씀에 나오는 예수님이 베드로에게 하는 말씀이 나에게 하는 듯 느껴졌다.

'명호야 네가 나를 사랑하느냐? 이 사람들보다도 나를 더 사랑하느냐?'

나는 예수님의 사랑을 받기만 하고 예수님을 믿는다고 하면서 예수님을 사랑한다고 말 한마디 못했다.

예수님은 "내 양을 먹이라 내 어린양을 먹이라" 하셨지만 나는 맡은 주일학교 교사를 소홀히 하고 몇 번 고개만 내밀고 이내 빠져버렸다. 죄책감에 부끄러워 예배 내내 고개를 들지 못했다.

"네가 나를 사랑하느냐?"는 물음에 목이 메어온다. 나의 죄 때문에 십자가에 고난을 견뎌야 했던 예수님... 목숨도 아끼지 않은 예수님에게 지금까지 사랑한다는 말을 못하면서 하나님을 아버지라 부르고 있는 모습이 부끄러웠다. 나는 그동안 진정으로 사랑한다고 생각했던 사람이 없었다. 부모님 그리고 형제간에도 우애 그 이상은 없었다. 그리고 이성간의 사랑도 나에겐 없었다. 그러나 예수님께서 나를 사랑하시고 나도 예수님을 사랑한다는 고백을 하고 싶었다.

예수님이 주신 사랑을 느끼며, 그리고 설교를 통해 나에게 주신 물음에 '예, 주님! 저도 주님을 사랑합니다!'라고 당당히 대답하며 이후에 주신 명령을 따라 아이들을 섬기며 기도하는 일을 다시는 소홀히 하지 않겠다고 다짐했다. 그리고 이 후에 비슷한 이유로 교회를 빠진 적은 결단코 한 번도 없었다.

20

처음으로 고백한 사랑

교회에서 주일학교 사역을 함께하던 고 선생님이란 분이 있었다. 내심 마음에 호감을 갖고 있었는데 하루는 교회 행사를 마치고 같이 산책을 할 기회가 있었다. 대화를 나누다 보니 어머니께서 중풍으로 몸이 안 좋다며 간병을 위해 시골로 가야할 것 같다는 말을 하셨다.

어머님은 일전에 교회에서도 한 번 뵌 적이 있었다.

아직 고 선생님을 향한 마음이 어떤 것인지 정리되지 않았지만 갑자기 시골로 가야 한다는 소리를 듣고는 가슴이 철렁 내려앉았다.

아직 선생님이 내려가기 전에 있던 교회의 연합부흥성회를 마치고 다시 이야기를 나눴다. 둘 다 버스를 타고 가야하는 거리였지만 우리는 그 길을 걸으며 서로에 대해 조금씩 알아갔다. 그러다 문득 나는 "결혼상대로 나를 어떻게 생각합니까?"라고 물었다. 고 선생님은 아예 결혼에 대해서 생각을 해 본 적이 없다고 대답했고, 나는 그렇다면 지금부터라도 한 번 생각을 해보시라고 간곡히 부탁했다.

점수를 따기 위해 집에 함께 사는 언니와 조카를 갖다 주라며 통닭을 두 마리 튀겨서 들려 보냈다. 이후에 직접 만나기가 어쩐지 부담스러워 나는 목사님께 연락을 해 자초지종을 설명하고 나에게 마음이 있다면 연락처와 주소를 보내달라고 전해달라는 부탁을 했다. 잠시 뒤 목사님을 통해 전화번호와 주소를 받을 수 있었다. 그러나 내 마음만큼 하나님도 기뻐하시는 사람인지를 알아야 했다.

고 선생님이 내려가는 날부터 40일을 아침 금식을 하며 기도를 했다. 작정하고 교회에서 숙식을 하며 일을 하는 시간 외에는 오로지 기도에 매진했다. 그때 응답을 구하며 기도할 때마다 부른 찬송이 '고요한 바다로'였다.

"고요한 바다로 저 천국 향할 때
주 내게 순풍 주시니 참 감사합니다.
큰 물결 일어나나 쉬지 못하나
이 풍랑 인연하여서 더 빨리 갑니다.
내 걱정 근심을 쉬 없게 하시고
내 주여 어둔 영혼을 곧 밝게 합소서.
이 세상 고락간 주 뜻을 본받고

내 몸이 의지 없을 때 큰 믿음 줍소서."

20일쯤 "구하는 것을 주시겠다"는 응답이 왔고, 40일이 다 될 즈음에는 고 선생님이 허락하신 배우자라는 마음이 들었다. 나도 고 선생님이 마음이 들어 그동안 계속 편지를 쓰곤 했지만 기도의 응답을 받지 않으면 나의 마음과는 상관없이 떠나려고 마음을 굳게 먹은 터였다. 하나님의 응답 때문인지 가기 전에는 그저 계속 생각을 해보자고만 하던 고 선생님도 점점 마음을 열고 우리는 한 움큼 준비해간 동전이 다 떨어질 때까지 대화가 그치지 않는 가까운 사이가 되어가고 있었다.

"사람이 마음으로 자기의 길을 계획할지라도 그의 걸음을 인도하시는 이는 여호와시니라" - 잠언 16:9

결국 하나님이 인도하시는 곳으로 몸과 마음을 이끌어주신 은혜에 감사를 했다. 그리고 여름휴가를 맞아 고 선생님의 고향인 경남 거창으로 향했다. 터미널 첫 차를 탔는데도 도착하니 정오가 넘었다. 다시 올라가는 시간이 오후 4시라서 마음이 급했다. 내리자마자 택시를 타고 고 선생님 집에 도착했다.

내 고향인 강원도 산골보다도 더 산골이었다. 고 선생님에 집에 도착하니 어머니께서 불편한 몸으로 반갑다며 맞이해 주셨는데 몇 년 전에 뵈었을 때 보다 많이 야위셔서 걱정이 됐다. 집에서 점심을 먹은 후 고 선생님과 마을을 산책하며 그동안 못 다

한 이야기를 했다. 도중에 주머니에서 실반지를 꺼내어 고 선생님에 손에 끼웠는데 내가 보기엔 살짝 작아보였는데도 손에 꼭 맞아 예쁘다며 고 선생님은 기뻐했다.

그런데 산책 중에 갑자기 소나기가 내렸다.

우리는 빈 건물 밑으로 비를 피하려 들어갔다. 그곳에서 처음으로 달콤한 입맞춤을 했다. 내 생애 태어나서 처음으로 사랑하는 여자와 한 입맞춤이었고 처음으로 고백한 사랑이었다.

어느덧 시간이 3시가 넘었다.

오후 4시가 막차라 서둘러야 했다. 급하게 택시를 부른 후 어머니에게 다시 찾아뵙는다는 인사를 하니 자주 오라고 반갑게 배웅해주셨다. 마중 나온 고 선생님과 터미널에 도착하니 10분밖에 남지 않았다. 짧은 시간이지만 서로 손을 잡고 아쉬움을 달랬다.

손을 잡고 있다가 슬쩍 얼굴을 보니 눈가에 눈물이 고여 있었다. 젊은 나이에 어머니 간병을 하러 이 시골에 와 있으니 마음이 힘들지 않을 리가 없었다. 나는 힘들어도 참고 견디면 좋은날이 기다리고 있을 것이라고 위로를 해주었다. 버스가 출발한단소리에 얼른 몸을 실었다. 창문 밖으로 손을 흔드는 고 선생님의 모습이 사라질 때까지 나는 자리에 편히 앉지 못했다.

21

아름다운 미래를 약속

싱 그러운 5월이 시작되었다.
주일예배를 마치고 나는 울산행 버스를 탔다. 이제는
미자 씨라고 부르는 고 선생님의 가족들을 만나 결혼을 허락받
기 위해서였다.

때마침 주말에 아버지 생신을 맞아 내려간 시골에서 결혼 계
획을 구체적으로 세우려고 했는데 더욱 잘됐다는 생각이 들었다.
아니나 다를까 이 소식을 들은 아버지는 너무나 기뻐하셨고 어
머니도 막내며느리로 단박에 인정해주셨다. 오랜 자취생활로 늘
걱정하셨던 엄마는 이제 막내가 짝을 이루어 잘 되었다며 칭찬
을 아끼지 않으셨다.

미자 씨의 어머님을 뵈러 울산으로 향했다. 너무 잘 되었다며

따스하게 잡아주시는 어머니의 손을 잡고 나도 빨리 쾌차하셔서 서울 집에도 놀러 오시라고 말씀드렸다. 단풍잎이 산꼭대기부터 동네에 가로수까지 어여쁘게 물들었고 겨울을 지낼 준비를 하려는 듯 새들도 바쁘게 날아다녔다.

1992년 10월 마지막 주 토요일에 갑자기 아버지께서 결혼날짜를 받아오셨다. 아버지는 받아온 날짜라며 막무가내로 진행하셨다. 이미 식장 예약부터 청첩장까지 다 발행해서 올라 오셨다. 이것저것 다 문제였지만 당장 예복이 큰일이었다.

우선 급하게 동네 양복집에 가서 옷을 맞추고 토요일까지 해달라고 부탁을 했다. 친구들에게도 연락을 해야 했으나 1주일 뒤 그것도 강원도 원주에서 하는 식이라 몇 명이나 올지 알 수 없었다. 공장일도 본사 일정을 맞추어야 하기에 일손은 더욱 바빴고 주일날이 결혼이라 목사님의 주례도 힘들게 되었다. 급한 대로 예식장에서 구해서 주례를 하는 걸로 결정을 했다. 예물은 급한 대로 한 동네에 사시는 처형을 모시고 서로에 간단한 약속에 의미인 반지와 시계로 약소하게 준비를 했다.

결혼식이 시작되는 당일 시간은 쏜살같이 흘렀다. 여기저기 부르는 소리에, 오신 분들 인사에 휩쓸려 다니다 정신을 차리니 어느새 하늘에서 내려온 천사 같은 미자 씨가 오빠의 손을 잡고 걸어오고 있었다.

사랑하는 미자 씨의 손을 잡고, 하나님과 부모님과 많은 친지

를 모시고 이제 정말로 백년가약을 맺는다는 사실이 큰 감동이
되었다.

하나님을 향한 감사가 너무나 컸고 그동안 원망만 했던 부모님
에 대한 사랑과 은혜가 그 다음이었다. 그리고 가진 것 하나 없
는 우리들의 만남을 아무 말 없이 지지해주고 맺도록 힘써주신
모든 친척 분들까지 오로지 감사, 감사였다. 이 귀한 사랑과 감사
를 기억하며 변치 않고 사랑하고 아껴 주겠노라며 부모님에게 큰
절을 올려 드렸다. 그리고 축하를 위해 참석한 모든 분께 잘 살겠
다고 고백하며 큰절을 올려 드렸다. 감동적인 결혼 행진곡을 들
으며 나오니 늦게 도착한 소꿉친구들과 학교친구들이 와 있었다.
친구들의 축하함성과 많은 분들의 박수소리가 식장을 울려 퍼
졌다.

내 인생에서 가장 귀하고 기억에 남는 순간이지만 이 역시도
돌아보면 모두 하나님의 은혜와 계획하심 가운데 시작된 것이다.
개인사의 기쁜 일일지라도 하나님의 허락과 축복하심 가운데 일
어나야 진정한 행복이 시작된다는 것을, 그리고 모든 것을 이미
예비해놓으셨다는 사실을 이 행복한 결혼식을 통해 나는 깨닫게
되었다.

우리는 비록 단칸방이지 서로의 손을 잡고 아름다운 미래를
약속했다. 하늘의 별들이 그 자리에서 오랜 세월 변함없이 함께

하는 것처럼 우리도 힘들 때나 좋을 때나 서로 도우며 사랑과 믿음이 가득한 보금자리를 만들자고 약속했다. 새로운 출발을 했다. 주말마다 산책을 하고 이런저런 달콤한 경험들을 하며 사랑은 점점 커졌다. 집 근처 공원을 돌며 즐거운 시간을 보내고 온 어느 날 집으로 오자마자 그녀는 나에게 할 말이 있다고 했다. 너무나 기쁜 임신 소식이었다.

아내의 몸조리를 위해 서울에 좀 더 있다가 장마가 시작될 무렵 혼인신고를 위해 주말을 맞아 충주에 내려갔다. 오랜만에 도착한 낮 익은 면사무소 그리고 좌측으로 보이는 내가 다녔던 중학교... 검정교복을 입고 삼년을 다녔던 골목길이 아직도 그대로 향수가 남아 있었다. 잉크병을 사서 열어보다 깨트린 문구점, 자전거가 화물차에 밝혀 망가진 상가 모퉁이, 그리고 낡아진 분식점 간판과 중국집...

어느새 성인이 되어 찾아온 고향은 시간이 정지한 것처럼 옛 모습 그대로였다. 면사무소에서 혼인신고를 하고 고등학교 입학시험을 보고 처음으로 맛봤던 추억이 서린 중국집에 들어갔다. 주인은 바뀌었지만 자장면 냄새는 그대로였다. 고향에서 오랜만에 먹는 자장면은 옛 맛 그대로였다.

"사람이 마음으로 자기의 길을 계획할지라도 그의 걸음을 인도하시는 이는 여호와시니라" - 잠언 16:9

자신감보다는 두려움으로

직장에 적응을 하고 어느 정도 여유가 생긴 뒤에 예전부터 하고 싶었던 일인 가구공장에 재취업을 했다. 늘 마음속에 두었던 일이지만 접하는 것은 처음이었다.

출근 첫날 공장 안의 시끄러운 기계소리와 여기저기 들리는 낯선 용어들이 들리기 시작하니 이내 후회하는 마음이 생겨나기 시작했다. 몸에 익은 일 괜히 버려두고 여기서 헛고생하는 거 아닌가 하는 두려움이 가장 컸다.

하지만 그동안의 경험을 통해 일단 시작을 한 일은 최선을 다해 배우는 것이 지름길이라는 것을 알고 있었다. 더군다나 내가 하고 싶어서 시작한 일 아니던가. 먼저 널빤지를 규격에 맞게 자르는 일부터 시작했다.

하루종일 소음과 톱밥먼지에 쌓여있다 정신도 못차리고 퇴근하기 일쑤였다. 구석구석 희미한 불빛아래 먼지를 뒤집어쓰고 사포질을 하면서도 불평 한 마디 없이 열심히 일하는 아주머니들의 모습들이 일을 이겨내고 다음 단계로 나아가는 좋은 원동력이 되었다. 일을 빨리 배워서 뭐라도 할 수 있는 기술이 있는 사람이 되고 싶었다는 일념으로 버티다보니 어느새 이 일도 이년을 넘게 했다. 교회일도 아주 잘 되고 있었다. 나이차이가 많이 났지만 아이들은 나를 잘 따라주었고, 토요일 오후에는 우리 집에 찾아와 시간을 보낼 때도 더러 있었다. 너무 많이 사주다 보니 주머니 사정이 어려울 때도 있었는데 그럴 때는 현관문을 잠그고 어디 나간 척 할 때도 있었다. 그렇게 퍼 줄 만큼 나는 열심히 아이들을 섬겼다. 이년이 지나자 회사에서도 일을 빠르게 한다고 인정받을 만큼 숙련공이 되었다.

어느 날 갑자기 사장님이 나를 부르더니 하청을 맡아서 해보라고 말씀을 하셨다. 사업이라고는 해본 적도 없고 평생 직원으로 일만 하던 나인데...라는 생각에 망설이고 있으니 자네에게 하청을 주면 차질 없이 공급이 될 것을 믿는다며 자리와 자재를 공급해 줄 테니 다음 달부터 일을 시작하라고 밀어붙이셨다. 그래도 창업을 하고 일을 벌이려면 많은 기구와 인력이 필요하다고 생각해 끝까지 대답을 안 하고 있었는데 공장장님하고 경리사무원까지 그동안 본 모습이라면 충분히 잘 할 수 있을 것이라고 바람을 넣었다. 잘해보자며 손을 내미는 사장님의 손을 얼굴이 발갛게 달아올라 겨우 잡았다. 그렇게 자신감보다는 두려움으로, 이제는 직원이 아니라 대표로 새롭게 시작하게 되었다.

"네 시작은 미약하였으나 네 나중은 심히 창대하리라" - 욥기 8:7

그러면서 2년 전 멀쩡한 일을 그만두고 새로이 이 회사에 들어오던 때가 생각났다. 그때는 정말 아무 것도 몰랐는데 무작정 일을 열심히 하다 보니 어느새 성실성을 인정받아 비록 작지만 새로운 사업을 시작할 수 있게 되었다. 처음에 못하던 일도 꾸준히 노력을 하면 된다는 것을 느꼈는데 신앙생활 역시 그렇다는 생각이 들었다. 믿음을 따라 살다보면 말씀의 벽이 너무나 높아 보일 때가 많다. 그러나 주어진 일을 하나씩 순종해가며 성실히 하다 보면 우리 모두가 하나님의 인정을 받는 날이 오지 않을까.

어렵게 내딛은 발걸음이었지만 워낙 열심히 일을 해서인지 이제는 하청으로 하는 일도 제법 되었다. 처음에 도와주던 아주머니는 월급만 타면 며칠을 출근을 하지 않아 원활한 공장운영을 위해 자르고 처남과 함께 일을 꾸려나갔다. 집에서 공장까지 출퇴근이 쉽지 않아 고민이 많았는데 같은 곳에서 하청 일을 하시는 교회의 집사님이 차를 태워주셔서 직원과 함께 매일 아침 편하게 갈 수 있었다. 처음에는 만원 버스도 타지 않고 편하게 훨씬 일찍 공장에 올 수 있어 너무나 감사했으나 시간이 지나면서 집사님과의 카풀이 점점 부담스러워졌다.

공장에서 혼자서 짐을 나르는 모습이 너무 힘들어 보이셨고, 또 차까지 얻어 타는데 그냥 가기 그래서 처음에 몇 번 일을 도와드렸는데 나중에는 아침이 아닌 오후에도 찾아와 도움을 요청했고 나뿐 아니라 직원까지 데리고 가서 일을 시키는 일이 잦아졌기 때문이다. 나중에 따져보니 하루에 최소 2시간은 집사님 일을 도와주는데 허비하고 있었다. 우리 할 일도 산더미인데 너무 큰 출혈이 아닐 수 없었다.

게다가 다른 문제도 있었다. 점점 친해지면서 차에서 대화도 많이 나누곤 했는데 대화의 90%가 불평불만이어서 출근길 아침부터 맘이 편하지 않았다. 심지어 앞에 차가 급정거를 하거나 끼어들기를 하면 습관적으로 욕이 튀어나왔고, 난폭운전도 자주 하셨다.

보다 못한 직원이 차라리 다시 버스를 타고 출근을 하자고 제안을 했으나 나는 교회 다니는 사람이 도움을 거절하면 안 된다 싶어서 그럴 순 없다고 말했다. 그러자 자기는 다시는 그 차를 타지 않고 일도 도와주지 않을 것이라고 못을 박았다. 사실 나도 차를 타고 오는 것이 가시방석에 앉는 것 같았고, 그로 인해 최근 들어 회사일도 엉망진창이라는 걸 알고 있었다. 그래서 직원과 같이 버스를 타고 출근을 하기로 마음을 먹고는 집사님을 찾아가 말했다.

"집사님, 그동안 차를 태워주셔서 정말 감사했습니다. 더 이상 폐 끼치지 않고 내일부터는 버스로 다시 출근하겠습니다. 직원과

제가 요즘 공장일이 너무 바빠서 도와드리지 못할 것 같아 죄송합니다."

최대한 정중하게 말했으나 집사님은 얼굴이 벌겋게 달아올라 퉁명스럽게 대답하셨다. 그리고 자기도 어차피 다른 곳으로 공장을 이전하려고 했는데 잘 됐다며 큰소리를 치셨다.

다음 날부터 붐비는 만원 버스를 타고 다시 출근을 했으나 마음이 너무나 편했다. 공장에 도착하니 집사님이 혼자서 짐을 내리고 계셨지만 인사만 드리고 우리 공장에 들어가 일을 했다. 바로 일을 시작하니 그전보다 효율이 훨씬 높았다. 그동안 집사님 일을 돕느라 얼마나 많은 시간과 힘을 투자했는지 알 수 있었다.

물론 처음에는 자기 일만 도움 받고 우리 일은 아무리 바빠도 모른 채하는 집사님을 원망도 많이 했다. 그러나 나중에는 그래도 집사님이 처음에는 정말로 좋은 마음으로 카풀을 제안하셨다고 생각하기로 했다. 그러나 그리스도인이라도 맺고 끊는 것은 확실히 하는 것이 사회생활에도 도움이 되고 건강한 인간관계에도 훨씬 도움이 된다는 것을 경험으로 깨닫게 됐다.

이때의 결정으로 인해 우리 공장의 제품은 수급에 차질 없이 제대로 생산되고 수입도 기존에 받던 월급보다 두 배가 더 될 정도로 올랐다.

23

나 혼자가 아닌 우리

출산 예정일을 며칠 앞두고 저녁을 먹은 뒤 홀로 산책을 나왔다. 밤하늘을 보니 별들이 하늘을 채우고 또 채워 별빛을 쏟아낸다.

> "그를 이끌고 밖으로 나가 이르시되 하늘을 우러러 뭇별을 셀 수 있나 보라 또 그에게 이르시되 네 자손이 이와 같으리라"
>
> – 창세기 15:5

하나님께서 아브라함에게 축복하신 말씀이 생각이 났다. 하나님의 말씀을 듣고 하늘의 별을 바라보던 아브라함의 마음이 이런 마음이었을까? 이 말씀을 묵상할수록 소망과 힘이 되었다. 12월 14일, 회사에서 일을 하는데 아내의 산통이 시작되었다는 연락이 왔다. 직원들에게 일을 맡겨놓고 황급히 병원으로 달려갔다. 산통이 오래되어 큰일이었다. 오후 1시가 넘자 의사 선생님이 조금 더 기다리다 안 되면 수술을 하자고 했다. 오후 2시가 넘어 수술동의서에 서명을 했다. 다행히 아이는 건강하게 태어났고 아내도 무사했다. 3.2킬로의 건강한 사내아이였다.

그 자리에서 무릎을 꿇고 기도를 드렸다.

"살아계신 하나님 아버지 감사드립니다. 아내를 지켜주시고 아들을 선물로 주심을 감사합니다. 건강하게 자라서 하나님의 귀한 일꾼이 되길 소원합니다."

바로 아내가 있는 병실로 가니 수술로 힘들었을 텐데도 미소로 아이의 건강을 물었다. 건강하고 예쁘고 잘생겼다고 했다. 아닌 게 아니라 내 눈에는 정말 세상에서 가장 예쁘고 사랑스러웠다. 나는 아내의 손을 잡고 함께 감사의 기도를 드렸다.

"살아계신 하나님 아버지 아내에게 건강주심과 우리에게 아들을 주심을 감사드립니다. 잘 키우는 지혜를 주시고 건강하게 자라나길 소원합니다. 아내에게 은혜를 베풀어 상처부분이 속히 아물게 하시고 건강도 보살펴 주세요. 예수님에 이름으로 감사하며 기도합니다. 아멘."

그리고 살짝 입맞춤을 했다.

잠시 뒤 처형과 시골에서 어머니도 오셨다.

축하를 받으며 안부를 묻고 있는데 간호사가 아이를 안고 나와서 안겨줬다. 눈을 감고 자는 건지 얼굴이 불그스레하다. 얼굴은 통통했고 피부는 나름 닮아 거무스레한 것 같다.

몸이 안 좋은 아내의 간병을 하러 한동안은 회사와 병원을 전전하며 지냈다. 황달 끼가 있어 눈을 계속 가리고 있었는데 다행히 차도가 있어 며칠 사이 푸를 수 있었다. 까만 눈동자가 나를 빤히 바라본다. 태중에 있을 때 들었던 발차기와 콩닥대는 심장소리가 느껴지는 듯하더니 이내 눈물이 핑 돌았다. 나를 바라보는 까만 눈동자가 마치 내가 아빠인지를 알아보듯 느껴지며 가슴이 뭉클해진다.

'나도 이제는 정말 한 아이의 아버지가 되었구나!'

아기를 안고 허락을 맡은 뒤 잠시 아내에게 갔다. 아내는 처음으로 아기를 보는 것이다. 아내는 아직 몸이 불편했음에도 서둘러 아기를 안았다.

어느새 잠든 아기의 평온한 모습을 보며 아내도 눈물이 핑 도는 듯하다. 아기에게 초유를 먹여야 된다며 가슴을 열어 아기에게 물려준다. 잠시 잠이 들었던 아기가 어떻게 알았는지 젖을 빨아 삼킨다. 본능적으로 젖을 물고 빨아 삼키는 아기의 모습이 이토록 아름다울 줄은 몰랐다. 하나님이 주신 모든 신비가 담겨 있는 것이 생명이라는 생각이 들었다.

"네 하나님 여호와를 사랑하고 그의 말씀을 청종하며 또 그를 의지하라 그는 네 생명이시요 네 장수이시니 여호와께서 네 조상 아

브라함과 이삭과 야곱에게 주리라고 맹세하신 땅에 네가 거주하리
라" - 신명기 30:20

아이의 이름을 짓기 위해 성경을 열심히 보고 있었는데 이 말
씀을 묵상하며 계속 기도하며 고심했다.
'하나님을 사랑하고 그 말씀을 듣고 의지하면 장수를 하게 하
시며 약속에 땅에서 살게 하신다는 하나님 하나님을 의지하며
기도하며 말씀대로 살기를 소원합니다.'
그리고 로마서 말씀이 눈에 들어왔다.

"소망의 하나님이 모든 기쁨과 평강을 믿음 안에서 너희에게 충만
하게 하사 성령의 능력으로 소망이 넘치게 하시기를 원하노라"
- 로마서 15:13

평강을 우리에게 주신 사랑에 하나님께 감사하는 마음으로 평
강으로 이름을 지었으나 아버지가 족보에 이름이 올라야 하신다
며 「원교」로 이미 지어 놓으셨다고 하셨다. 어쩔 수 없이 아버지
의 뜻을 따랐으나 내가 지으려 했던 이름처럼 원교의 삶이 평강
의 삶이 되게 해달라고 열심히 기도했다. 그렇게 아이를 낳고 바
삐 지내다보니 어느덧 새해가 되었다. 이제는 나 혼자가 아닌 우
리 세 식구의 삶에 하나님의 인도하심이 함께 해달라고 간절히,
더 간절히 기도를 드렸다.

어떤 어려움 가운데서도

새로운 가정을 이룬 새해를 맞아 사업도 더 잘되기를 열심히 기도했지만 어려움이 많이 생기고 있었다. 거래처들 대부분이 부도 위험으로 어려움을 겪고 자재 공급처에서도 외상구매가 어려워지고 있었다. 그래도 나는 다른 공장보다 수금이 잘되어 어려움이 덜했지만 점점 힘들어지고 있었다.

사업은 본사가 잘 되어야지 나 또한 잘 되기 때문이다. 그렇게 열심히 버티는 가운데 어느새 여름이 지나고 가을이 찾아왔다. 늦은 저녁에 집에 오니 아내가 병원을 다녀왔는데 임신 3개월이 되었다고 이야기를 한다. 둘째 소식이 큰 기쁨이 생겼다가도 사업의 어려움으로 이내 걱정이 되었지만 주신 하나님께서 맡아주실 것을 믿으며 감사의 기도를 드렸다.

"이는 나 여호와 너의 하나님이 네 오른손을 붙들고 네게 이르기
를 두려워하지 말라 내가 너를 도우리라 할 것임이니라"

– 이사야 41:13

잠시 두려움이 내 마음을 사로잡았지만 말씀을 묵상하니 믿음으로 함께 하시는 하나님을 느낄 수 있었다. 그 하나님을 함께 의지하기로 하며 아내와 나는 두 손을 꼭 잡고 기도했다. 그리고 먼저 주신 귀한 아들을 바라보며 행복을 느꼈다.

아들을 얻은 기쁨이 정말로 천하를 얻은 것보다 컸다. 내 어린 시절을 다 기억할 수는 없지만 '내가 이렇게 아들을 사랑하는 것처럼 부모님도 나를 사랑하셨겠구나'하는 마음에 가슴 한편이 뭉클해지며 시골에 계신 부모님이 보고 싶어졌다. 오랜만에 집에 전화를 걸어 엄마의 목소리를 들으니 목이 잠겨온다. 늘 막내라고 걱정하고 늘 손을 꼭 잡아주시던 어머니... 잠시 마음을 억누르며 안부를 물으니 가을 추수가 한창이어서 하루 종일 바쁘게 일을 하셨다고 한다.

다음 달에 손자 돌잔치를 한다고 했더니 "벌써 그렇게 되었구나"하시며 열일을 제쳐두고 아버지랑 꼭 오신다고 하셨다.

하나님을 통해 좋은 가정을 꾸릴 수 있었고 부모님의 사랑을 느낄 수 있었다. '정말 내 인생에 하나님을 만나지 못했으면 어떻게 되었을까'라는 생각이 가끔 든다. 내 인생을 여기까지 이끌어주시고 깨우쳐주신 하나님이 앞으로 나의 인생에도 어떤 어려움 가운데서도 돌파구를 만들어주실 것이라고 나는 확신했다.

25

미래가 걱정되기는 하지만

어느새 올해의 달력도 마지막 한 장만이 남아있다.

어떻게든 버티던 사업도 슬슬 한계에 다다랐다. 직원 두 명의 월급을 주기 위해서 적금을 넣던 회사에서 대출을 받았다. 그간 조금씩 거래하던 다른 거래처에서 수금이 제대로 되지를 않고 있다. 여기저기에 적지 않은 미수금도 많았다. 이렇게 될줄 알았으면 본사에만 납품을 했을 걸 하는 생각도 들지만 경기가 이렇게 나빠질 줄은 아무도 알지 못했다.

설상가상으로 어제 밀린 월급을 받은 직원 한명이 다른 일을 찾아본다고 말했다. 조금만 더 버텨달라고 부탁을 했지만 뜻이 완고했다. 월급을 한 번도 밀려서 준적이 없는데... 대출까지 받아서 월급을 해주었는데... 조금 너무한다 싶었지만 그를 원망할 수는 없었다.

사실 이런 조그마한 하청공장에서 미래가 어찌될지도 모르는데 끝까지 붙어 있는 것은 내 욕심일 수도 있기 때문이다. 나 역시도 같은 조건이면 더 크고 복지도 좋고, 통근차도 있는 그런 회사를 다닐 거라 생각이 들었다. 돌아보니 그동안 같이 일 해주어서 고마운 일이 더 많았다. 마음을 고쳐먹고 일하는 마지막 날 적게나마 성의를 담아 금일봉을 건네주었다.

다음날 출근을 하니 일이 진행이 제대로 되지를 않는다.

이미 남은 직원과 둘이서 모든 일을 해야 한다는 걸 알고 나름 계획도 세워 두었지만 막상 해보니 앞뒤가 맞지를 않는다. 어떻게 해서든 이제는 직원이랑 둘이 해결을 해야 한다. 당분간 둘이 의기투합을 하고 다음 날 있을 돌잔치를 준비했다. 첫 아들이라 성대하게 하고 싶었지만 경제적인 여건이 안 되어 가까운 친인척과 목사님과 성도님들을 초대해 조촐하게 예배를 드렸다.

걸음마를 막 시작한 첫째는 자기 생일이라 그런지 오늘따라 유난히 더 잘 걸었다. 목사님은 설교말씀으로 자녀를 키우는 데에는 하나님의 말씀이 가장 중요하다는 메시지를 전해주셨다. 뱃속에 있는 둘째에게까지 전하시는 말씀이었다.

"네 자녀에게 부지런히 가르치며 집에 앉았을 때에든지 길을 갈 때에든지 누워 있을 때에든지 일어날 때에든지 이 말씀을 강론할 것이며 너는 또 그것을 네 손목에 매어 기호를 삼으며 네 미간에 붙여 표로 삼고 또 네 집 문설주와 바깥 문에 기록할지니라"

– 신명기 6:7-9

오랜만에 부모님과 형제들이 함께 모이니 훈훈한 분위기가 이루 말할 수가 없었다. 처남이 3단 축하케이크까지 준비해와 돌잔치에 온 사람들이 풍족하게 먹고 마시고, 화기애애하게 시간을 보내다 갈 수 있었다. 예배에 이어 진행된 돌잔치 때 첫째는 연필을 잡았다. 들리는 소리 하나하나, 보이는 장면 하나하나가 너무나 소중하고 감사했다. 선물로 받은 액자에 적힌 말씀 "그런즉 너희는 먼저 그의 나라와 그의 의를 구하라 그리하면 이 모든 것을 너희에게 더하시리라(마 6:33)"을 보며 정말 그렇게 살겠다고 다짐을 했다.

비록 회사일은 좀 어렵고 미래가 걱정이 되기는 하지만 그래도 그렇게 행복할 수가 없었다. 숱한 어려움에도 결국은 만나게 하시고 건강하게 자녀까지 주신 하나님께 아내와 나는 감사의 기도를 드리며 하루를 마무리했다.

26

내 가슴도 미어지는 듯

아 내가 병원에서 둘째를 출산했다.

첫째보다도 훨씬 고생을 해서 절대 안정이 필요한 터라 원교는 처형한테 부탁했고, 시골에 계신 어머니까지 올라와 도와 주셨다. 그런데 울산에서 장모님께서 돌아가셨다고 연락이 왔다. 하필 둘째가 태어난 기쁜 와중에 때 아닌 비보였다. 아이를 낳고, 금세 둘째를 임신해 애 키우고 몸 돌보느라 시골에 내려가지도 못했었는데 장례식까지 몸이 안 좋아 갈 수가 없던 아내는 서러워 엉엉 울기 시작했다. 그 모습을 보니 내 가슴도 미어지는 것 같았지만 일단 내려가 장례를 무사히 치러야 했다.

아내를 위로하고 처형 집에서 큰 아이를 데려와 엄마에게 부탁을 하고 작은형님과 함께 거창으로 내려갔다. 경상도라 우리 시골하고는 장례 문화가 조금 달랐으나 상주가 된 나는 가족 어른과 동네 어르신께 인사를 드리고 실수하지 않기 위해 각별히 조심했다. 날씨가 오월 중순이라 덥고 상주로 장례를 치러 본 적이 없어 몸도 마음도 힘들었지만 이 자리에 오지도 못한 아내나 함께 상을 치르는 일곱 자녀의 슬픔에는 비할 바가 아니었다. 나 역시 장모님을 집으로 모셔 식사 한 번 제대로 대접 못해 드린 것이 너무나 가슴 아팠다. 지금 병상에서 엄마를 그리워하며 울고 있는 아내를 그려보니 나도 모르게 눈물이 앞을 가린다.

"한번 죽는 것은 사람에게 정해진 것이요" - 히브리서 9:27

하나님에 섭리에 따라 태어나서 다시 본향으로 가는 장모님의 마지막 모습을 지켜봤다. 발인이 되고 점점 더 커지는 가족들과 마을 주민들의 슬픔을 보며 정말 죽음은 사람의 뜻대로 어쩔 수 없는 일이라는 생각이 들었다. 하나님이 정하신 사람의 죽음은 어느 때에, 어느 순간에 찾아올지 모른다.

'조금만 더 사셨더라면... 아내가 퇴원하고 몸이 회복되고 나서라도 돌아가셨다면...'이라는 아쉬움이 있었지만 세상만사가 우리의 생각대로 되는 일은 아무 것도 없다. 그렇기에, 하나님이 정하신 그때가 언제인지 그 누구도 알 수 없기에, 부르심을 받아 이 세상을 떠나는 날 하나님 보시기에 부끄럽지 않도록, 아쉬움과 미련이 없도록, 오늘 더 잘 믿고, 오늘 더 감사하고, 오늘 더 사랑하는 것이 지금 삶을 사는 내가, 그리고 우리가 할 수 있는 최선의 일이란 생각이 들었다.

한 마음으로 열심히

새로운 봄을 맞아 공장을 이전하기로 했다. 경기도 광주에 있는 가구단지로 옮기며 자재상으로 일하던 처남을 직원으로 고용해 '상아공예'라는 이름으로 새 출발을 했다. 거래처는 기존에 있던 남양주의 여러 공장을 기반으로 광주에도 몇몇 곳을 뚫어 시작했지만 모든 직원들이 한 마음으로 열심히 땀을 흘려 빠른 시간에 자리를 잡아갔다. 날이 좀 풀린 뒤 목사님과 성도님들을 모시고 예배를 드렸다. 목사님은 여호수아 말씀을 전해주셨다.

"내가 네게 명령한 것이 아니냐 강하고 담대하라 두려워하지 말며 놀라지 말라 네가 어디로 가든지 네 하나님 여호와가 너와 함께 하느니라 하시니라" - 여호수아 1:9

갑작스레 사업을 시작하게 된 것도, 또 이전하게 된 것도, 그리고 결혼을 하고 가정을 꾸리게 된 것도 지금 생각해보면 나의 의지나 생각으로 이루어진 것이 아니었다. 그러나 그런 일들 가운데 계속 기도를 하며 말씀을 붙잡으려고 노력을 하니 하나님께서 인도해주셨고 지금 이 말씀을 통해 앞으로도 그러라고 알려주시는 것만 같았다.

예배를 드리고 우리 모두는 더 열심히 벌처럼 개미처럼 일을 했다. 그 결과는 품질의 향상으로 이어졌고 입소문이 퍼져 거래처는 점점 늘어났고 지금 생각하기엔 말도 안 될 정도로 컸던 휴대폰과 삐삐의 등장으로 거래처 수단이 활발해졌다. 이제는 수금도 제법 잘되고 그 전처럼 사업이 빠듯하지 않았다.

아침 일찍 출근해 작업을 하다가 점심을 먹고 제품을 차에 싫어 배송을 했다. 양이 많으면 때론 1톤 트럭을 불러서 실어 날랐다. 토요일 늦은 오후까지 쉴 틈이 없이 일을 하고 주일이면 오전 9시 주일학교 예배를 마치고 11시 예배와 저녁예배 그러고 나면 저녁 8시가 넘어선다.

톱니바퀴처럼 굴러가는 삶 속에 그나마 매일 마주하는 가족이 큰 즐거움이다. 아이들의 재롱도 늘어가고 작은아이 인교가 제법 예쁜 짓을 한다. 가끔 시간을 내어 아이들과 대공원도 가고 함께 사진도, 영상도 찍으며 '이것이 주님이 주신 가정의 행복이로구나'라는 생각을 하곤 했다.

때론 일이 너무 힘들어 잠시 숨을 돌리고 싶을 때가 있었고, 미래에 대한 막연한 두려움이 마음을 잠식할 때도 있었다. 그러나 그때마다 처음 개업예배 때 주님이 주신 말씀을 굳건히 붙잡으며 이겨나갔다.

"내가 네게 명령한 것이 아니냐 강하고 담대하라 두려워하지 말며 놀라지 말라 네가 어디로 가든지 네 하나님 여호와가 너와 함께 하느니라 하시니라" - 여호수아 1:9

28

한 가지 큰 변화

회사를 옮기고 처음으로 맞은 추수감사주일이다.
추수할 양식을 주신 하나님께 감사를 하는 마음으로
농사는 짓지 않았지만 내 삶의 모든 것이 하나님의 허락 없이 거
둔 것이 없다는 것을 알기에 그 마음을 담아 전심으로 예배를
드렸다.

> "사람은 심지만 그것을 자라게 하고 열매 맺게 하시는 이는 살아
> 계신 하나님 그런즉 심는 이나 물 주는 이는 아무 것도 아니로되
> 오직 자라게 하시는 이는 하나님뿐이니라" - 고린도전서 3:7

어제나 오늘이나 동일하신 하나님, 나에게도 두 아들을 기업으
로 주시고 기쁠 때나 힘들 때나 용기와 함께 하신 하나님께 감사

했다.

그러나 한 가지 큰 변화가 있었다.

처음 신앙생활을 하며 회사를 옮긴 뒤에도 한동안 다녔던 정든 교회를 떠나 지금은 다른 교회를 다니고 있기 때문이다. 처음으로 예수님을 믿고 구원의 길에 발을 디뎠던 교회였다. 총각 시절부터 다니며 목사님, 사모님 그리고 함께 했던 성도님들과의 많은 시간들이 생각난다.

이곳저곳 나의 손때가 묻어있는 교회의 성구들... 청소를 할 때도 강대상 위를 감히 올라가지 못하고 떨리는 마음으로 발걸음을 조심조심 옮기며 교회를 정리했던 첫 믿음의 자리...

오직 구원을 말하고 예수님만 외치며 함께 외치며 신앙생활을 하려고 마음을 먹었기에 그동안 이런저런 이유들로 교회를 떠나는 사람들이 이해가 되지 않았다. 그러나 다양한 인간군상 속에서 여러 모습들을 보며, 또 그 속에서 상처를 입고 때로는 서로 이해하지 못하는 상황들을 반복적으로 겪게 되며 더 이상 교회를 다닐 수 없는 상황까지 나는 처해있었다.

교회를 떠나 바로 다른 교회를 알아보려 했지만 일도 너무 바쁘고 교회를 떠났던 나에 대한 자책과 새로운 시작에 대한 두려움 등으로 이런 저런 핑계를 대며 계속 미루어 왔다가 추수감사절이 되어서야 마음에 용기를 낸 것이다.

작은 상가 이층에 있는 집에서 가까운 성도님들도 몇 분 안 되는 교회였지만 다시 하나님의 전에 왔다는 사실만으로도 가슴이 벅찼다. 늘 동네에서 전도를 하시던 사모님은 몇 번 마주쳐 얼굴을 알고 있었다. 예배가 끝난 뒤 목사님과 잠시 담소를 나눴고 교회에 등록을 권하셔서 그 자리에 등록을 했다.

교회는 거리도 가까워 좋았지만 성도님들도 모두 좋은 분이셔서 깊은 교제를 하며 빠르게 자리를 잡을 수 있었다.

새로운 곳에서 다시 신앙생활을 시작하며 예배의 소중함을 느낄 수 있었고 때때로 보이던 교회를 다니다 어느 날 갑자기 다니지 않는 분들의 심정도 조금은 이해를 할 수 있었다. 그러나 하나님은 사람으로 인해 우리가 신앙을 포기하지 않기를 바라실 것이다. 예수님을 통해 주신 유일한 구원의 길 말고는 우리가 영생을 얻을 수 있는 방법은 그 어떤 것도 없기 때문이다.

29

답답함보다는 감사한 마음

유난히 더운 여름이었다.

지난 2년간 사업이 조금씩 하향세인 것을 느끼고 있었지만 언젠가는 나아질 거라는 생각만을 품고 있었다. 그러나 올해 들어 점점 수금이 안 되고 있다.

2년 가까이 못 받은 미수금도 산더미 같은데 그나마 버틸 수 있게 돈이 들어오던 곳마저 늦어지고 있다.

하필이면 나랑 거래가 가장 많은 발주처의 대표는 경제사범으로 구속까지 됐다. 미수금대신 물건이라도 받아와야 했다. 미리 전화로 양해를 구하고 영업용 트럭 2대를 끌고 가 내준 물건을 다시 싣고 왔지만 이미 나간 물건은 중고라 제 값을 못 받는다.

그렇게 가져온 물건을 모두 정산하니 미수금의 절반 정도였으나, 그 돈으로 다시 자재를 사야 장사를 할 수 있었다. 내가 잘못 하나 한 것 없이 점점 손해만 커지는 개미지옥 같았다. 형편은 점점 어려워져 한 여름날 아이들에게 아이스크림 하나도 제대로 못 사줄 정도였다.

이런 어려운 사정을 알고는 교회 사모님께서 종종 반찬거리를 가져다 주셨고, 복날에는 쌀 한 포대와 닭 한 마리를 들고 찾아 오신 적도 있었다. 이런 사모님의 사랑과 또 알게 모르게 도와주 신 몇몇 성도님들 덕분에 힘들어도 나쁜 생각을 하지 않고 버틸 수가 있었다. 그러나 제대로 감사도 표현하지 못하고 늘 미안하 고 또 미안했다.

다행히 추석을 앞두고 사정이 조금 풀렸다.

수금도 잘 되고 또 5개월짜리 약속 어음까지 들어와 밀린 임 금을 주고 자재를 구입하고도 여윳돈이 생겼다. 명절을 맞아 아 이들 옷도 사주고 기분 좋게 귀성길에 오를 수 있어 다행이었다.

반년 간은 유독 힘이 들었다. 그러나 이렇게 온 가족이 고향을 찾아 만개한 코스모스와 들풀을 바라보며 행복한 시간을 보내 는 것으로 그동안의 힘든 고생들은 거짓말처럼 녹아내렸다.

시골집에는 추석분위기로 떠들썩하다.

엄마와 아버지 그리고 형제들과 조카들, 오랜만에 모든 가족이 맛있는 음식을 나누며 행복한 웃음과 정을 나누고 있다. 이렇게 가족이 있다는 게 얼마나 감사한가!

　추석을 지내고 돌아오는 길에도 귀성차량으로 도로는 혼잡했지만 가정이 있고 가족이 있다는 것이 얼마나 큰 행복인지 느끼며 왔기에 짜증과 답답함보다는 감사한 마음뿐이었다. 그리고 무엇보다 이런 큰 은혜를 베푸신 하늘에 계신 우리 아버지, 우리 하나님, 나의 예수님이 함께 하심에 더욱 감사하고 감사했다.

　"지혜로 하늘을 지으신 이에게 감사하라 그 인자하심이 영원함이로다" – 시편 136:5

30

어려울 때마다

추석을 맞아 잠깐 사정이 풀린 공장은 겨울이 되면서 매섭게 얼어붙었다. 이제는 공장을 유지할 수도 없을 정도의 상태였다. 더 이상의 손실을 두고 볼 수가 없어서 인건비부터 정리하고 공장과 물건들을 빠르게 정리했다. 그러나 이미 나간 자재비와 기타 부대비용이 문제였다. 나 역시 수금이 되지 않으면 그 돈들을 갚을 길이 없었지만 하루에도 몇 번씩 독촉이 들어왔다. 공장 문을 닫자마자 숨 돌릴 틈도 없이 어떤 일이든 손에 잡히는 대로 시작해야 했다.

마침 대기업 건설회사에서 현장 일을 오래하신 동서 형님이 자리를 마련해주셨다. 경기도 성남 분당신도시에 투입되어 열심히 일을 배우며 공사에 투입됐다. 토목공사는 그동안 해왔던 일과는 완전히 다른 일이었다. 쓰는 기술도, 일하는 방식도 모두 달라

마음이 부담이 되었으나 지금까지 어려울 때마다 인도해주셨던 하나님의 말씀이 떠올랐다.

"내 영혼아 네가 어찌하여 낙심하며 어찌하여 내 속에서 불안해 하는가 너는 하나님께 소망을 두라 그가 나타나 도우심으로 말미 암아 내가 여전히 찬송하리로다" - 시편 42:5

이 말씀을 품고 계속해서 기도하며 일을 하나씩 감당해나가기로 했다.

가구 회사를 처음 나갔을 때도 마찬가지였다.

아무 것도 모르는 상태에서 오로지 성실 하나로 하청업체까지 운영하지 않았던가. 그때보다 다를 것이 하나도 없었다. 주어진 대로 꾀부리지 않고 열심히 손과 발을 놀렸다. 쉼 없이 일을 하다 보니 아침부터 허리가 아프기 시작했다. 밥을 먹으며 마주친 현장 선배들이 조금만 버티면 몸이 적응을 할 거라고 격려해주었다.

정신없이 일을 하다 집에 돌아가니 아내가 바로 저녁을 차려주었다. 저녁을 먹고 10시도 되기 전에 지쳐 떨어졌고, 다시 새벽 5시에 일어나 현장으로 나갔다. 그렇게 공사현장에서 두 달을 버티니 몸이 점점 적응이 되었다. 아직도 배워야 할 일들이 많지만 그래도 제법 몫을 감당해 내었다. 다만 주말도 없이 일을 해야 하는 까닭에 교회에도 그동안 나가지 못하고 아이들과 놀아줄 시간도 없는 것이 마음에 걸렸다. 하지만 다른 방법이 없었다. 당장 돈을 벌어 빚을 갚고 아이들을 키워야 했다.

그렇게 한 달 동안 하루도 쉬지를 않고 일은 계속 되었다.
결국 몸이 탈이 났는지 오전에 허리에 뻐근한 통증이 느껴졌다. 점심이 되자 통증이 점점 심해져 제대로 펴지도 못할 정도였다. 감독에게 양해를 구하고 잠시 한 구석에서 쉬었는데도 허리를 펼 수가 없어 나는 마지막 방법인 하나님께 무릎을 꿇고 허리 통증이 나아지길 기도했다.

"마음을 다하며 지혜를 써서 하늘 아래에서 행하는 모든 일을 연구하며 살핀즉 이는 괴로운 것이니 하나님이 인생들에게 주사 수고하게 하신 것이라" - 전도서 1:13

기도를 마치고 다시 누웠는데 내가 생각해도 참 염치가 없다는 생각이 들었다. 일이 힘들다는 핑계로 참마다 막걸리를 먹을 때도 있었고, 주일날 쉴 때도 몸이 너무 피곤하다는 이유로 몇 번 정도는 교회에 갈 수 있었지만 애써 외면하던 나였다. 그러다 막상 자기 몸이 아파지니 그동안 외면하던 하나님께 기도를 드린다는 사실이 너무나 뻔뻔하게 느껴졌다. 눈에 나도 모르게 눈물이 고이기 시작했다.
다시 하나님께 간절히 기도를 드렸다.
'하나님 아버지 저를 용서하시고 허리의 아픈 통증을 고쳐주

시길 원합니다. 저를 불쌍히 여겨 고쳐주시길 원합니다.'

그렇게 몇 번이고 기도하다 정신이 들었는데 허리에 통증이 느껴지지 않았다. 시간을 보니 5분 정도 밖에 지나지 않았다. 다시 현장으로 가려고 하는데 오전부터 안색이 좋지 않은 것을 본 동료들이 조금 더 쉬라고 만류했다. 하지만 태어나서 처음으로 격한 통증을 겪던 내 허리는 이미 정상으로 돌아왔다. 하나님이 만져주셨다는 확신이 나에겐 있었다. 그리고 멀쩡한 허리로 다시 현장에 들어가 일을 마치고 퇴근까지 무사히 했다.

하나님은 정말로 사랑이시구나...
집나간 탕자를 위해 소를 잡고 잔치를 벌이시는 하나님이 정말로 나의 하나님이시구나...
다시는 내 삶에서 하나님을 구석으로 밀쳐놓지 않기로 했다. 그리고 비록 환경이 어려우나 하나님을 예배하는 삶을 품고 또 반드시 이루어야겠다는 다짐을 했다.

"할렐루야 여호와께 감사하라 그는 선하시며 그 인자하심이 영원함이로다" - 시편 106:1

31

속고 속이며 사는 것이 세상인가?

가끔이나마 교회도 나가게 되었고, 기도로 치유함을 경험
한 이후 몸도 큰 탈 없이 일을 계속할 수 있었다. 가끔
교회를 일 때문에 나가지 못하더라도 나는 항상 감사한 마음을
가지고 기도를 생활화하고 있었다. 그것이 하나님을 향한 내 감
사한 마음을 조금이라도 보답할 수 있는 길이었고 당장 내가 드
릴 수 있는 최대한의 예배였다.

은혜와 감사의 나날이 이어가고 있는 도중 내 인생의 가장 힘
든 사건이 터지고 말았다. 아직도 그 날짜를 잊지 못한다. 일을
하고 있는데 난데없이 삐삐가 울렸다.

사업할 때 어음 거래를 했던 선배였다. 그때 이후로는 처음 온
연락이었다. 일을 하던 중이라 연락을 못했는데 뭐가 급한 일인

지 수도 없이 연락이 왔다. 불안한 마음에 일이 끝나자마자 전화를 걸었다. 일단 별 말없이 약속을 잡았는데 집에 와서 곰곰이 생각해보니 선배의 거래처와 어음을 주고받은 거래처들도 연쇄부도가 났다는 소문을 들은 적이 있던 것 같았다.

어쩌면 내 어음에 문제가 생겨서 막대한 빚을 지게 될 지도 모른다는 생각에 선배를 만나기 전 날 잠을 이루지 못했다. 아내에게도 아직 이야기를 하지 못했다. 이제 막 일에 익숙해지려던 참인데 이게 무슨 일인지... 도무지 이해가 되지 않았다.

선배를 만났더니 대뜸 그때 발행한 어음을 빨리 해결을 안 하면 자기 사업에 문제가 생기니 빨리 해결해야 한다며 언성을 높였다. 그러나 급한 어음은 이미 다 처리를 했고, 나머지 갚지 못한 금액은 다달이 모아 연말에 처리하기로 이미 말이 끝나 있었다. 그런데 어째서 중간에 갚아야 할 돈이 생기는지 이해가 되지 않아 서로 언성을 높이며 싸웠다.

결국 나는 처음 나에게 어음을 주었던 이 사장이라는 사람에게 연락을 해 자리로 나오라고 했다. 그리고 난 이미 부도가 났고 어음을 처리했으니 선배가 어려움이 생기지 않게 처리를 부탁한다고 전했다. 이때만 해도 나는 중간에서 오해가 생겨 일이 꼬인 줄만 알고 만나서 대화로 금방 처리가 될 줄 알았다. 그래서 바로 집에 오자마자 아내에게도 얘기를 했다.

그런데 내 어음이 사채업자와 연결되어 있다는 것을 다음날 알았다. 결국 그날 늦게 시내의 한 카페에서 사채업자 사장을 만나게 되었다. 옆에는 인상이 험악한 사내 둘이 서 있었다. 나는 기죽지 않고 내 사정을 말했다. 그런데 사채업자의 입에서 나온 말은 내가 아는 것과는 완전히 달랐다. 선배가 중간에서 3,4배의 폭리를 취하고 나를 속여 어음을 준 것이었다. 심지어 나에게 어음을 준 선배는 처음 발행한 사채업자보다도 3배 이상의 폭리를 취했다.

나는 돈을 해결할 수 없다고 분명히 말을 하고 자리를 떴다. 그리고 중간 다리를 놨던 이 사장에게 전화해 처리를 요청해 다음 주 만나기로 하고, 선배에게 공중 전화를 걸었다. 가진 돈이 다 떨어질 때까지 3시간이 넘게 욕지거리를 퍼부었는데 그래도 분이 풀리지 않았다. 집에 오니 그때까지 잠도 자지 않고 기다리던 아내가 내 손을 잡으며 위로해 준다. 그러나 일단 일은 나가야 했다. 잠시 눈을 붙이고 다시 현장으로 나갔는데 아내에게 연락이 왔다. 어제 내가 전화한 선배가 내가 없는 틈을 타서 집에 전화해 아내에게 욕을 퍼부었다고 한다. 나는 당장 선배에게 전화를 걸어 어제보다 더 심한 폭언을 퍼부었다.

그리고는 다리에 힘이 풀려 공중전화 박스 안에서 주저앉고 말았다...

'그렇게 믿고 믿었던 선배에게 속았다니... 내가 멍청한 것인가, 사람들이 교활한 것인가... 아니면 세상이 원래 이런 것인가...?'

선배와 어음 거래를 한 것은 한 번이 아니었다. 그렇다면 그때마다 속였을지도 모른다는 생각까지 들었다.

다행히 중간에 끼어 있던 이 사장이 자기 전세금으로 돈을 갚겠다고 나섰다. 나는 이번엔 속지 않기 위해 법무사무소의 도움까지 받아 공증을 받았지만 위조계약서로 결국 돈 한푼 건지지 못했다. 계약서를 받고 안심한 사이 이 사장은 어딘가로 숨었고, 그의 신상은 경찰도, 은행도, 그 누구도 알려주지 않았다. 사채업자의 독촉은 더 심해졌다. 아, 이런 것이 세상인가? 이렇게 속고 속이며 사는 것이 세상이란 말인가?

나는 한 시도 그런 마음을 가지고 살아본 적이 없고, 사업도 오로지 정직하게 한 걸음씩 내딛었을 뿐이었다. 비록 지금은 잘 안 되어 다른 일을 하지만 그래도 그 시간을 통해 얻은 것이 많았다고 자부하고 있었는데, 이제 와서 돌아보니 남는 것이라고는 사기를 당해 얻은 거액의 빚과 진정한 우정인 줄 알았던 선배에 대한 실망, 그리고 세상에 대한 의구심뿐이었다. 그러나 일을 해야만 했다. 그러나 그럼에도 손이 일이 잡히지가 않았다. 잡힐 리가 없었다.

"여호와여 거짓된 입술과 속이는 혀에서 내 생명을 건져 주소서"
 - 시편 120:2

든든한 방파제

결국 애꿎은 내가 빚을 갚아야 했다.

게다가 외환위기가 찾아와 나라 안팎의 상황이 가히 절망적이었다. 내 코가 석자였지만 어려운 나라를 위해서도 하나님께 간절히 기도했다.

겨울이 되어 일도 쉬는 날이 점점 많아지고 임금도 많이 줄어 현장일은 그만두기로 했다. 이제 어떻게든 다른 방법으로 겨우내 계속 돈을 벌어야 하고, 빚을 갚아야 한다. 그런 걱정과 새로운 시작 가운데 송구영신을 보내고 새해를 맞았다.

사랑스러운 아내가 정성스럽게 끓인 떡국을 내어준다. '그래 힘을 내야지...' 그리고 송구영신 예배 때 뽑은 축복의 말씀이 떠올랐다.

"시온의 자녀들아 너희는 너희 하나님 여호와로 말미암아 기뻐하
며 즐거워할지어다 그가 너희를 위하여 비를 내리시되 이른 비를
너희에게 적당하게 주시리니 이른 비와 늦은 비가 예전과 같을 것
이라" - 요엘 2:23

위기가 곧 기회라는 말이 있듯이 나는 안팎의 어려움이 맞물
린 이 1998년도를 새로운 도약의 해로 생각하고 임하겠다고 각
오를 다지며 결단했다. 마침 노점상들에게 물건을 공급하는 작은
형님이 동절기라 물건이 많이 남는다며 연락이 왔다. 다른 사람
들보다 조금 더 좋은 조건을 보장받은 나는 지갑과 벨트를 밖에
나가 팔아보기로 했다.

첫날 나가보니 자리를 구하는 것부터가 일이었다.
주차단속을 피해 겨우 한 은행 앞에 자리를 잡고 물건을 보기
좋게 펴 놓았다. 신호등을 건너는 사람들이 물건을 힐끔 보고는
그냥 지나쳤다. 이대로 가만있으면 하나도 못 팔겠단 생각에 부
끄러움이고 뭐고 나도 모르게 소리가 나오기 시작했다.
"사장님, 하나 사 가세요. 물건 좋아요."
때마침 지나가던 한 남자분이 물건을 만져보더니 하나 달라고
한다.
생각보다 첫 개시가 빨랐다. 오후가 되자 제법 사람들이 신호
등을 많이 건너다닌다. 점심도 못 먹은 나였지만 오로지 팔겠다
는 일념에 목소리도 점점 커졌다. 해가 지고 자리를 정리했다. 총

17박스를 팔았다. 생각보다 많이 팔렸다.

　물건을 정리해 작은 형에게로 가서 대금의 일부를 주고 새로운 물건을 다시 받았다. 작은 형 말로는 첫날치고는 많이 팔았다며 장사에 소질이 있는 것 같다고 했다. 손에 쥔 만 원짜리 몇 장에 세상 행복할 수가 없었다. 간만에 통닭을 한 마리 들고 갔더니 집안 분위기까지 좋아졌다. 하나님이 주신 가정이야말로 이 어려움을 이겨낼 수 있는 든든한 방파제였다. 그리고 이후에도 지금까지 그랬던 것처럼 하나님의 은혜로 모든 역경을 극복할 수 있을 것이라는 확신이 들었다.

그렇게 될 것 같다는 확신

이틀째는 5일장이 열리는 곳으로 차를 몰았다. 어제 제법 물건을 팔았기에 장날에 좋은 물건을 보기 힘든 시골이어서 더 기대가 되었다. 날씨가 춥고 아직 이른 아침이라서 상인들이 많지 않았다. 나는 햇살이 좋은 곳을 찾아 자리를 펴고 물건을 보기 좋게 진열을 해놓았다. 다른 상인들도 이곳저곳에 자리를 잡아가기 시작했다.

나는 한 바퀴 돌며 상인들에게 인사를 했다. 그러나 대부분 인사를 받지 않았고 내 옆에 있던 상인은 지금 내가 잡은 자리는 다른 사람자리라며 철수하라고 했다.

"일찍부터 와서 내가 잡은 자리인데 무슨 소리냐?"고 따졌더니 다른 상인들까지 가세를 해서 장터에는 질서가 있으니 따라야 한다고 거들었다. 여기 다시 오게 될지도 모르는데 문제를 일으

켜서 좋을 게 없겠다 싶어 나는 자리를 옮겼다. 이미 좋은 자리는 대부분 차서 구석으로 가야만 했다.

이윽고 사람들이 몰려들기 시작했고 여기저기서 물건 파는 소리와 시끄럽게 울리기 시작했다. 나도 상품을 손에 들고 목청껏 소리를 질러 사람들의 시선을 열심히 끌려고 노력했다.

어느덧 오후 2시가 넘었고, 배도 슬슬 고팠으나 가끔 몇몇 사람이 가격을 물어봤을 뿐 단 한 개도 팔지 못했다. 옆에서 단추를 파는 아주머니가 점심은 먹었냐고 물어보셨다. 나는 점심도 못 먹고 물건도 팔지 못한 내 신세가 처량해 대답도 못하고 가만히 고개만 숙이고 있었는데, 내 맘을 읽기라도 하신 듯 김이 모락모락 나는 컵라면을 슥 내미셨다.

그러나 차마 받을 수가 없어 고개를 숙이고 있었는데, 젓가락까지 쪼개어 내 손에 쥐어주셨다. 갑자기 눈물이 핑 돌며 목이 멨다. 고맙다는 말을 하다가는 울 것 같아 고개를 깊이 숙여 인사를 드리고, 컵라면을 저어 한 입 들이키니 참았던 눈물이 쏟아졌다. 국물을 머금어 억지로 면을 삼켰다.

추운 날씨에 새벽부터 장터에 왔으니 배가 안 고플 리 없었다. 그리 크지도 않은 컵라면을 나는 국물 한 방울도 남기지 않고 깨끗이 비웠다. 아주머니는 "오늘 처음 나왔냐?"고 물으며 커피까지 타주셨다. "네, 그렇습니다"고 하자 "젊은 애기 아빠가 열심히 노력한다"며 덕담을 건네셨다.

아주머니의 위로 덕분인지 한 시간이 지나고 물건이 3개나 팔렸다. 슬슬 자리를 떠야 할 시간이어 주위를 둘러보니 장사가 되지 않는 것은 나뿐이 아닌 것 같았다. 상인들을 따라 나도 짐을 정리하다 물건을 하나 더 팔았다.

장터에까지 나와 4개 밖에 못 팔았으니 손해도 이런 손해가 없었지만 그래도 공친 것보다는 훨씬 나았다. 이제 날이 다시 풀리면 어쨌든 현장에 다시 나가는 것이 낫겠다는 생각을 했다.

물건도 얼마 팔지 못하고 힘겹게 도착한 나의 보금자리... 비록 셋방이지만 사랑하는 아내와 눈에 넣어도 아프지 않을 아이들이 있는 이곳이 있기에 내일도 힘을 낼 수가 있다. 하루를 거의 공치다시피해 가족들 볼 면목이 없어 현관문에서 잠시 서성이다 심호흡을 하고 겨우 문을 열었다.

문을 열자마자 둘째가 달려 나와 안기더니 개다리춤을 추며 재롱잔치로 행복한 미소를 짓게 만든다.

잠시 뒤 첫째도 나와 내 품에 안겼다. 앞치마를 두르고 있는 아내는 이 못난 남편을 위해 세상에서 가장 맛있는 두부찌개를 끓여 준비하고 있었다.

"당신 정말 최고야."

진심을 담아 아내에게 칭찬을 한 뒤 온 가족이 둘러 앉아 화목한 식사 시간을 가졌다. 하루 종일 추운 곳에서 떨며 빨갛게 달아오른 얼굴이 이제야 조금 풀어지고 덩달아 내 얼굴에 미소도 스며들었다.

그러나 이 어려운 상황 가운데서도 내 맘은 더 큰 꿈을 꾸고 있었다. 그것은 주일날 예배를 드릴 수 있는 번듯한 직장을 갖는 것이었다. 그것을 이룰 수 있는 방법이나 상황은 분명 아니었지만 분명히 그렇게 될 것 같다는 확신이 내내 들었다.

"주께서는 못 하실 일이 없사오며 무슨 계획이든지 못 이루실 것이 없는 줄 아오니" - 욥기 42:2

두 마리의 토끼

현장에서 일을 하며 조금씩 예배에 대한 열망이 생겼다. 결국 다른 일을 구할 때까지 기다리지 못하고 양해를 구하며 교회에 나가기로 했다. 혹시 잘릴지도 모른다는 생각에 기도로 며칠을 준비하며 용기를 내 말을 했더니 역시나 싫어하는 눈치였다. 그러나 더 이상 하나님과의 약속을 어길 수는 없었다. 대신 평일에 더욱 열심히 일을 했고, 주일날에는 눈치 보지 않고 예배를 드리다보니 시간이 좀 흐르자 이런 나의 생활을 당연시하는 분위기가 되어 두 마리 토끼를 잡을 수가 있었다.

"평안을 너희에게 끼치노니 곧 나의 평안을 너희에게 주노라 내가 너희에게 주는 것은 세상이 주는 것 같지 아니하니라 너희는 마음에 근심도 말고 두려워하지도 말라" - 요한복음 14:27

'이것이 예수님이 주시는 평안이구나'라는 생각이 들었다.

예수님께서 나와 함께 계시는 것이 느껴지니 세상의 두려움과 근심, 걱정도 사라지고 새로움 꿈과 소망이 마음속에서 피어 나온다. 조금 더 용기를 내어 새벽예배도 드리기로 했다.

어느새 큰 아이는 초등학교에 입학을 했다. 꽃다발을 사들고 아내와 함께 축하해주고 끝난 뒤에는 중국집에 가서 맛있게 식사를 했다. 문득 이런 생각이 들었다.

'나 어렸을 때는 부모님은커녕 누나 손을 잡고 겨우 학교를 갔는데... 자장면도 없고 꽃다발도 없이 냉골에 떨며 고생하던 시대였는데 어느새 세상이 참 많이 좋아졌구나.'

그러나 시대가 좋아지고 환경이 변해도 사람들이 겪는 문제는 언제나 비슷했다. 결국 가장 중요한 것은 하나님이 주시는 평안이 마음속에 있느냐 없느냐인 것 같았다. 아직 어린 아들이지만, 이제 막 학교생활을 시작하는 큰 아들에게도 주님의 평안이 임하면 좋겠다는 마음을 가지고 열심히 새벽마다 주님 앞에 무릎을 꿇었다.

35

아무리 생각해도 답이 없었다

현장 일의 수주가 줄어 다시 다른 일을 찾아봐야 했다. 다행히 현장 일을 하며 점심시간마다 시간을 쪼개 연습을 해 1종 면허를 따놓았는데 그 면허로 이런 저런 일을 알아보았으나 꾸준히 벌 수 있는 것이 없었다.

노점상을 하며 사놓은 1톤 화물을 활용해 용달일을 시작해보기로 했다. 영업용 번호를 부착하고 적재함에 덮개용 천막을 사서 차 운전석 탑에 올려놓고 가까운 용달 주차장을 찾아갔다.

문의를 하니 한 달 주차장 지입비를 내면 당장 내일부터 출근을 해도 된다고 한다. 우선 절반만 지불하고 내일부터 일을 시작한다고 했다.

겨울비가 내리는 이른 아침 일을 하려고 주차장으로 나섰다. 첫 출근길부터 비가 오는 것이 썩 반갑지는 않았다. 그런데 너무 일찍 왔는지 주차장에 아무도 나와 있지 않았다. 조립식 판넬 사무실은 다행이도 문이 열려 있어 거기서 대기를 했으나 사무원은 고사하고 일을 받아야 할 사람들도 아무도 오지 않았다. 정오가 되어도 소장은 코빼기도 안 비추고 주차장은 텅텅 비어 있었다. 그제서야 이상한 느낌을 받은 나는 소장에게 전화를 했다.

"어떻게 된 것이 사무실에 전화도 한 통 안 오고 주차장에는 차가 한 대도 없습니까?"

"아, 그게 겨울이라 요즘 일이 많이 없습니다. 게다가 비까지 오니까 오늘은 공치는 날이에요."

나는 어이가 없었다.

'도대체 이렇게 해서 하루에 얼마를 번다는 이야기인가...'

아무리 생각해도 답이 나오지 않았다.

결국 늦은 오후 소장을 만나 사정을 이야기하고 어제 낸 절반의 지입금을 다시 받아왔다. 그리고 집으로 돌아가 아내에게 용달로는 아무래도 우리가 생활하기가 힘들 것 같으니 우리 다른 일을 해보자고 했다.

큰 맘 먹고 용달까지 중고로 샀는데 놀릴 수가 없어 아내와 상의를 해서 노점을 해보기로 했다. 아내와 나는 서울의 한 시장을 찾아 노점을 돌며 토스트, 어묵, 떡볶이 등을 사먹으며 만드는 법을 눈으로 익혀왔다.

다음날 아내와 함께 1톤 차량 적재함에 호로를 만들고 버너와 장사에 필요한 식자재를 구입했다. 장사를 나가기 전에 차에서 시범삼아 토스트를 만들었는데 생각보다 맛이 좋았다.

날은 아직 쌀쌀했으나 일단 나가보기로 했다. 버스정류장과 택시 승강장이 같이 있는 곳 사이에 차를 대고 '만나 토스트'라고 적은 작은 현수막을 펴고 토스트와 어묵, 커피, 떡볶이를 팔았다.

첫 날이라 일이 미숙할까봐 아내가 도와줬는데, 지나가던 사람들이 이 주위에는 이런 음식을 파는 데가 없다며 반색을 하며 찾아왔다.

자정이 되고 아내는 들어갔다.

나는 새벽까지 좀 더 팔아보기로 했는데, 택시 정류장이 있어서 그런지 기사님들의 발걸음도 간간히 이어졌다. 잠시 쉬는 틈이 나 성경을 펼쳤다.

"내 영혼이 잠잠히 하나님만을 기다리는 것은 나의 구원이 오직 그분에게서만 나오기 때문이다. 오직 하나님만이 나의 반석이요 나의 구원이요 나의 산성이시니 나는 결코 흔들리지 않으리 쓰러져 가는 담 같고 허물어져 가는 울타리 같은 사람을 쳐서 쓰러뜨리려고 그렇게 안달하니 너희가 언제까지 그리하려느냐 너희가 그를 그토록 높은데서 떨어뜨릴 속셈이구나 너희가 거짓말을 즐겨하니 입으로는 그에게 복을 빌어주면서 마음속으로는 저주를 퍼붓는구나 오 내 영혼아 잠잠히 하나님만 바라라 내 소망이 오직 그분에게서만 나오는구나 오직 주님만이 나의 반석이요 나의 구원이

시며 나의 산성이시니 나는 결코 흔들리지 않으리 나의 구원과 영
광이 오직 하나님께 달려 있음이여 진실로 주님은 나의 든든한 바
위시며 견고한 피난처이시로다" - 시편 62:1-8, 쉬운성경

오랫동안 내가 의지하고 의지하던 하나님 아버지 잠잠히 하나
님을 바라봅니다. 말씀을 묵상하며 기도하는 사이 시간은 훌쩍
지나 사람들 출근시간이 되었다. 그리고 다시 손님이 몰려오기
시작했다. 9시까지 정신없이 음식을 팔았다.

생각보다 많은 사람들이 와서 첫날임에도 어묵은 다 팔리고,
토스트도 계란 3판을 다 팔고 빵은 모자랄 정도였다. 차에 있는
식자재를 정리하고 집에 오니 수입이 생각보다 많았다.
아내와 나는 정말 살아계신 하나님께 감사기도를 했다. 아내는
칼국수 집으로 일을 하러 또 나가야 했다. 나는 식자재 준비와
설거지를 하고 다시 밤에 나가기 위해 해가 중천에 떠 있는 한
낮에 잠을 청했다.

36

당장 일을 그만두면

포 장마차를 한지 두 달이 되어간다.
단골손님도 제법 많아지고 몸도 밤에 일하는 것에 익숙해졌다. 감사한 마음으로 하루하루 열심히 살다보니 시간이 참 빠르게 지나간다. 제법 눈이 많이 오는 저녁이었다.

새벽 한 시쯤에 순찰 중인 경찰 두 명이 갑자기 찾아왔다. 가끔씩 경찰들도 토스트를 사먹으러 왔기에 그런 줄 알고 기름을 둘렀는데 대뜸 민원이 들어왔으니 자리를 옮겨 달라는 말을 했다. 대한민국 노점이 나만 있는 것도 아니고 두 달 동안 장사 잘 했는데 갑자기 이게 뭔 소린가 싶었다. 경찰들은 오늘만 팔고 내일부터는 나오면 철거될 수도 있다고 경고를 하고 갔다.

경찰들이 가고 난 뒤 손님들이 다시 많아져 정신없이 팔다가 집에 와서 생각해보니 마음이 다시 불안했다. 그러나 당장 일을 그만두면 또 무슨 일을 배워, 어디에서 할지 막막해 안 나갈 수가 없었다. 장사는 평소처럼 잘 되었고, 경찰도 찾아오지 않았다.

그냥 누가 장난삼아 신고를 한 줄 알고 '넘어가서 다행이다'라고 안심을 하고 있었는데 12시쯤 되자 어제의 경찰 2명이 또 찾아왔다.

"아니, 내가 하루 먹고 살자고 늦은 밤에 나와 새벽까지 힘들게 일하는 사람인데 꼭 이렇게까지 해야 합니까? 제가 누구한테 피해를 주는 것도 아니고, 여기 지나다니는 사람들도 다 좋아하는데, 왜 이렇게까지 하시려고 합니까?"

"죄송합니다. 하지만 민원이 계속 들어와서 어쩔 수가 없습니다. 당장 다른 곳으로 이동해 주십시오."

일단은 철수를 해야 했다. 그러나 분이 가시지 않아 다음 날 일찍 파출소를 다시 찾아가 누가 신고를 했는지 물었다. 그러나 경찰은 알려줄 수 없다며 묵묵부답이었다. 혹시나 싶어 내가 판매를 하는 앞의 건물 관리소장을 만났는데 그가 사정을 나에게 말해주었다.

"여기 바로 앞에 부동산 있죠? 거기서 커피 자판기 장사를 하는데, 노점이 생기고 매출이 확 줄어서 신고를 했다고 말을 하더라고요."

그럴 수도 있었겠지만 사실 내가 판매하는 양 중에 커피는 정말로 얼마 되지 않았다. 화가 나서 건물 사장까지 찾아가 사정을 말했지만 건물 사장도 자기는 이해하지만 입주자들의 사정이 우선이기 때문에 어쩔 수가 없다고 했다.

결국 이렇게까지 된 마당에 또 나가서 장사를 할 수가 없었다. 그리고 사정을 들으며 생각해보니 반대로 신고를 한 분들도 두 달이나 참고 나에게 배려를 해준 것이기도 하다. 반대로 이유야 어찌되었든 나 역시 내가 운영하는 상가의 매출이 노점 때문에 줄었다면 똑같이 신고를 했을 것이다. 어쩌면 두 달을 못 기다렸을 수도 있었다. 그렇게 생각하니 오히려 감사를 표현해야 하는 것이 맞다고 생각되어 다음 날 사무실을 찾아가 관계자들에게 따뜻한 커피 한 잔씩을 돌리며 인사를 드리고 나왔다.

그리고 다음 날부터 다른 곳에서 판매를 하려고 사방팔방 돌아다녔으나 아무리 찾아도 차를 대놓고 장사를 할 수 있는 곳을 찾지 못했다. 결국 또 다른 일을 찾아야 했다.

"사람이 마음으로 자기의 길을 계획할지라도 그의 걸음을 인도하시는 이는 여호와시니라" -잠언 16:9

이번엔 정말로 잘 될 줄 알았는데… 하나님에 대한 원망도 생겨나는 것이 사실이었으나 결국 하나님이 또 인도하시는 곳에 다른 계획이 있으리라 굳게 믿고 다시 다른 일에 도전해보기로 했다.

말씀이 새로운 출발을 위한 힘

저녁을 먹고 바람을 쐬러 동네를 돌고 오는 길에 전봇대에 걸려있는 신문을 몇 개 들고 왔다. 구인광고란을 보니 식자재 배송기사를 구한다고 글이 있었는데 마침 차도 있고 잘할 수 있는 일 같았다. 다음날 전화를 하니 내일부터 출근할 수가 있다고 한다. 나는 바로 주소를 물어 찾아가 설명을 들었다.

새벽에 서울 중심과 재래시장을 들르며 분식재료인 칼국수, 떡볶이, 만두피, 두부, 묵, 등 여러 가지를 주고 오는 일이었다. 출근은 새벽 3시까지 출근해서 전날 주문 온 식자재를 배송하고 집에서 쉬었다가 저녁에 5시에 나와 주문을 받아서 7시에 퇴근하고 다음날 새벽3시에 출근하는 일이다. 하루라도 빨리 일을 해야 하는 상황이었기에 당장 내일부터 나오겠다고 말했다.

다음 날, 새벽 일찍 일어나 물류창고에 도착했다. 이미 다른 직원들이 주문 온 물건들을 차에 싣고 있었고 나도 곧 조수로 베테랑 직원 밑에 껴서 일을 배웠다. 짐을 다 싣고 나서 대접에 국과 밥을 말아 후딱 먹고 출발을 했다. 어차피 자기가 하는 일에 따라 근무시간이 달라지는 일이라 대부분 급하게 밥을 먹고 조금이라도 빨리 출발하려고 했다.

이름도 처음 들어보는 골목골목을 찾아가 물건을 건네줘야 하는데 옆에서 보기만 해도 정신이 없었다. 3일 후에는 나 혼자 해야 하는데 과연 할 수 있을까 의문부터 들었다. 들러야할 시장만 3군데에 길이 보통 복잡한 게 아니었다. 어떤 곳은 입구가 좁아 차가 들어가지 못했고, 교통여건이 안 좋아 주문이 좀 늦었다고 욕을 얻어먹는 경우도 있었다. 길이 헷갈려 헤매다 보니 정해진 근무시간보다 서너 시간이 더 걸릴 때도 많았다. 하도 정신이 없고 일을 할 때마다 어디를 다녀왔는지 정신이 없어 익숙해지지가 않았다. 같이 해도 이 정도인데 혼자 어떻게 할지 걱정이 태산이라 집에서 쉬는 시간에도 잠이 오지 않았다.

걱정되는 맘을 안고 다시 물류창고에 출근을 했다.

그랬더니 대뜸 직접 전화를 해서 상가마다 주문을 받아야 한다며 그렇게 하지 않으면 거래처를 빼앗긴다고 했다. 컴퓨터에 이름을 입력하면서 주문을 받아서 해야 한다고 하는데 나는 컴퓨터를 한 번도 만져본 적이 없었다. 이름만 적어 출력하면 되는 간단한 일이라 일단 배웠는데 주문 정보를 컴퓨터에 입력하고 프린

트를 하니 그래도 인쇄가 되어 나왔다. 이토록 간단한 일이었지만 워낙에 익숙지 않았기에 일이 점점 밀려 보다 못한 다른 배송 직원이 도와줬다.

지금까지 안 해 본 일이 없을 정도로 다양한 일을 했지만 그래도 묵묵히 하다보면 금세 적응이 됐고 성과도 냈었다. 그런데 이번 일은 조금 달랐다. 일이 익숙해지기는커녕 여러 가지 실수가 계속 반복됐고, 나중에는 일의 물량도 늘었다 줄었다 하며 생각보다 돈을 벌기도 힘들었다. 결국 나는 다시 다른 일을 알아보기로 했다. 그러나 오히려 홀가분한 마음이 들었다.

"여호와는 나의 목자이시니 내가 부족함이 없으리로다" - 시편 23:1

이른 새벽 물류창고를 나갈 때마다 묵상했던 이 말씀이 새로운 출발을 위한 힘이 되어주는 귀한 마음의 양식이 되었다. 그리고 이번 직장은 아니더라도 다음, 혹은 그 다음에 하나님이 예비하신 곳아 나를 기다리고 있을 것이라는 믿음이 계속해서 생겨났다.

꿈인지 생시인지

다시 구인정보지를 뒤지며 일자리를 찾기 시작했다.
마침 현장에서 1톤 차량 지입을 구하는 광고가 있어
문의를 해 보았다. 차량 지입비뿐 아니라 인건비도 지급한다고 했
다. 수입이 지금보다 배는 될 것 같아 아내와 상의를 했다. 지금
에 수입으로는 솔직히 앞으로 아이들을 키우기에도 힘들 것 같
고 밤낮 구별 없이 일을 하는 것에 비해 수입이 적어서 힘들었
다. 아내도 이른 새벽에 시작해 하루에 두 번 출근하는 것은 아
닌 것 같다며 좋은 일자리가 나오기를 기도했다고 한다. 현장에
서는 내일이라도 와서 일을 해 달라고 했다.

그러나 지금 하고 있는 물류창고를 무턱대고 그만둘 수는 없
었다. 다음 날 사정을 말하고 사람이 구해질 때까지 2주간 일을
해주고 강원도 건설 현장으로 떠났다. 이미 건설 현장에는 오래

있어본 경력이 있어서 여러모로 편했다. 다만 한 달에 한 번 정도 밖에 집에 갈 수 없는 것이 걸렸지만 일단은 일에만 집중하기로 했다. 일은 여러모로 만족스러웠다. 몸에도 쉽게 익었고 오후까지 만 열심히 땀을 흘리면 편안한 저녁을 보낼 수 있었다. 잠도 푹 자고 몸 상태도 여러모로 좋아졌다.

"평안을 너희에게 끼치노니 곧 나의 평안을 너희에게 주노라 내가 너희에게 주는 것은 세상이 주는 것 같지 아니하니라 너희는 마음 에 근심도 말고 두려워하지도 말라" - 요한복음 14장 27절

그동안의 힘든 경험들도 모두 이 순간을 위한 것 같았다. 그러나 진짜 하나님이 준비해둔 일은 따로 있었다.

5월의 어느 날 일을 하고 잠시 쉬는 시간에 아내에게 전화가 왔다. 평소 나를 많이 도와주려던 형님 한 분이 급하게 찾았다면서 내일 저녁에 집에 오라는 것이었다. 이때까지만 해도 무슨 일인지는 전혀 알 수 없었으나 왜인지 느낌이 좋았다. 다음 날 일을 마치자마자 서둘러 서울로 올라갔다. 아내가 일하는 가게로 가서 기다리고 있었는데, 형님은 오자마자 이력서를 내밀며 말했다.

"이거 써가지고 내일 내가 말해주는 농협지점으로 가봐. 양복 차려입고 아침 9시까지만 가면 돼."

그곳은 작년 겨울에 둘째 아이가 유치부 재롱잔치를 한 장소

라서 대충 알고 있었다. 나는 혹시 몰라 30분이나 일찍 지점을 방문했다. 형님이 소개시켜 준 분은 상무님인데 아직 출근을 하지 않았다며 먼저 온 직원이 다른 테이블로 안내해줬다. 그리고 어떤 남자가 들어왔는데 나를 안내해주던 직원이 말했다.

"상무님, 어제 말씀하시던 분 같은데 지금 와 계십니다."

이때까지도 나는 무슨 일로 내가 여기 왔는지 감을 잡지 못했다. 설마 농협에 하루아침에 취직이 될 리는 없을 것이고 좋은 일감이나 하청업체에 소개를 시켜주려나 보다 정도만 생각했다. 그런데 상무님은 나를 보자마자 말하셨다.

"아, 바로 자네구만. 내일부터 출근하게. 이제부터 여기 지점 정식 직원이야."

말을 들으면서도 꿈인지 생시인지 알 수가 없었다.

나는 아무것도 한 일이 없었다. 아는 형님이 상무님과 친분이 있는데 평소에 내가 얼마나 성실하고 열심히 살고 있는지 종종 이야기를 했는데 그 때문에 취직을 시켜준 것이었다. 아무리 그렇다고 해도 그 말이 사실인지 알 수도 없는데 얼굴을 보자마자 일을 하라고 하셨는지 지금도 이해할 수 없다. 내가 살아온 인생을 봐도 정말 기적이라고밖에 표현할 수 없는 일이었다. 내가 할 수 있는 일은 오로지 하나님에 대한 찬양과 감사뿐이었다.

39

그러나 해야만 했다

내일은 축산농가를 돌면서 분뇨를 수거해 처리장에 옮겨 놓는 일이었다. 양복을 입어 다음날부터 출근을 하라 했지만 눈으로라도 익혀두고 싶어 맞선임과 함께 양복을 입은 채로 일을 배웠다. 가는 길에 짬을 내어 아내에게 전화를 했다. 오늘부터 일을 시작한다고 하니 정말 기뻐했다.

내일부터 운전할 차의 열쇠를 넘겨받고 혼자서 차를 살피러 갔다. 나는 첫 출근을 하기 전 먼저 하나님께 기도했다.

"네 시작은 미약하였으나 네 나중은 심히 창대하리라 말씀하신 주님, 두렵고 떨립니다. 저와 함께 하여주시길 원합니다. 마음에 소원을 이루어 주신 하나님, 말씀대로 소원을 이루어주셨으니 또한 기뻐할 수 있도록 모든 환경을 주장하여 주세요."

간절한 기도를 하나님께 했다.

5톤 탱크 차량은 처음이라 조금 걱정이 되기도 했다. 그러나 해야만 했다. 하나님이 나에게 주신 일자리이자, 주일을 지키며 일할 수 있는 곳이다. 지금까지의 일들과는 다르게 비가 와도 괜찮고 추워도, 더워도, 내일 일이 보장된 직장이 생긴 것이다.

"내가 네게 명령한 것이 아니냐 강하고 담대하라 두려워하지 말며
놀라지 말라 네가 어디로 가든지 네 하나님 여호와가 너와 함께
하느니라 하시니라" - 여호수아 1:9

말씀을 묵상하면서도 집으로 가는 발걸음은 참으로 하늘을 나는 듯 좋았다. 집에 오는 길에 바라보는 모든 세상이 다르게 보이고 나를 보고 부러워하는 듯 느껴지기까지 했다. 그렇게 2001년 6월1일 금요일, 농협에 취업이 공식적으로 되었다. 집으로 빨리 가서 아내의 얼굴을 보고 이 사실을 전하고 싶은 마음뿐이었다.

모든 것을 더하시는 하나님

어느덧 농협에서 일을 한 지도 한 달이 지났다.

농가를 지나며 주인 분들과도 얼굴을 익혔고, 직장동료들과도 친분도 제법 쌓았다. 십일조와 감사헌금도 빼놓지 않고 가족과도 충분히 시간을 보낼 수 있었다. 좋은 때를 허락하신 하나님께 온 가족이 손을 잡고 감사 기도를 드렸다.

그러나 호봉수가 낮아 급여는 얼마 되지 않았다. 안정적인 생활을 위해서 어떻게 해서든 아끼며 생활을 해야 했다. 식사도 사 먹기보다는 도시락을 싸갖고 다니든가 농가에서 함께 먹었다. 갚을 돈도 많고 식구도 많아 월급은 거의 대출금으로 다 나가고, 이따금씩 들어오는 보너스로 조금씩 청산을 해나가서 가계는 점점 안정화되고 있었다. 가정을 꾸린지 몇 년 만에 두렵지 않은 겨울이 찾아왔다.

"지금까지 지내온 것 주님에 크신 은혜라

한이 없는 주에 사랑 어찌 이루 말하랴

자나 깨나 주의 손이 항상 살펴주시고

모든 일을 주안에서 형통하게 하시네

몸도 맘도 연약하나 새 힘 받아 살았네"

찬송을 묵상하니 다시 마음에 평안이 찾아왔다.

그렇게 한 해를 잘 마무리하고 송구영신 예배 때 아내와 아이들과 한 해 동안 이끌어 주시고 새해도 도와주실 하나님께 감사하며 예배로 마무리를 했다. 내가 그동안 느낀 것이 있다면 하나님의 것을 항상 먼저 구할 때 내 생각보다 좋은 일들이 일어났다는 것이다.

"너희는 먼저 그의 나라와 그의 의를 구하라 그리하면 이 모든 것을 너희에게 더하시리라" - 마태복음 6:33

하나님 나라를 구하는 자에게 이 모든 것을 더하시는 하나님께 올 한해도 더욱 열심히 섬김으로 충성을 다하겠다고 온 가족이 함께 기도했다. 올해의 말씀 성구로는 마태복음 7장 8절 말씀을 뽑았다.

"구하는 이마다 받을 것이요 찾는 이가 찾을 것이요 두드리는 이에게는 열릴 것이라" - 마태복음 7:8

아내는 창세기 말씀을 뽑았다.

"네 아버지의 하나님께로 말미암나니 그가 너를 도울 것이요 전능
자로 말미암나니 그가 네게 복을 주실 것이라 위로 하늘의 복과
아래로 깊은 샘의 복과 젖 먹이는 복과 태의 복이로다"

- 창세기 49:25

내 생각보다 훨씬 귀한 것들을 특별히 허락하신 한 해를 돌아
보며 새로이 맞을 한 해는 정말 주신 말씀만을 따라 살도록 노력
하기로 우리는 함께 다짐했다.

41

말씀이 현실이 되어

새해가 시작되고 얼마 되지 않아 아내는 하혈을 한다며 병원에 갔다. 예전에 둘째를 낳으면서 고생을 많이 해 혹시 몸에 이상이라도 생긴 것이 아닌지 걱정되어 손에 잡히지를 않았다.

오후가 되어서 아내에게서 전화가 걸려왔다.

아내는 임신이 되었다며 전치태반이라 위험하니 의사가 조심하라고 했다고 한다. 너무도 기쁜 소식과 걱정이 한 번에 같이 왔다. 집에 도착하자마자 몸을 조심하라고 아내를 안아주었다.

아직 성별은 몰랐으나 나는 어쩐지 하나님이 우리에게 딸을 주셨을 것 같았다. 늘 예쁜 딸 하나 있었으면 하는 마음이 있었기에 더욱 그러한 마음이 든 것 같다.

먼저 시골에 계신 부모님께 먼저 전화를 드렸다. 손주 소식에 부모님들은 무척 좋아하셨지만 큰 형님은 지금도 살기가 힘든데 아이를 하나 더 낳는다며 걱정을 하셨다. 사실 그런 것도 걱정이 안 될 수는 없었다. 하지만 나는 1%라도 그런 생각을 하지 않기 위해서 교회 사람을 비롯해 내가 아는 모든 사람들에게 임신 소식을 알렸다. 그리고 아내의 손을 잡고 기도를 했다.

"우리에게 선물로 주신 사랑하는 딸이 아내에게서 건강하게 자라서 건강하게 출산하기를 소원합니다. 하나님 다윗과 함께하신 하나님 아내와 함께 하시고 태중에 아이와 함께 하시어 우리도 다윗과 같이 함께 더욱 주를 높이고 찬송하기를 원합니다."

"주 여호와여 주는 나의 소망이시요 내가 어릴 때부터 신뢰한 이시라 내가 모태에서부터 주를 의지하였으며 나의 어머니의 배에서부터 주께서 나를 택하셨사오니 나는 항상 주를 찬송하리이다"
- 시편 73:5,6

간절한 기도를 들으셨는지 아이는 태중에서 잘 자라고 하혈도 멈췄다. 그리고 예정일 근처가 되어 일을 하고 있는데 아내에게 전화가 왔다. 몸이 이상하다며 아무래도 병원에 가야겠다는 아내의 말을 듣고 가슴이 뛰기 시작했다.

'애를 벌써 두 번이나 낳은 아내가 몸이 이상하다니? 무언가 잘못 됐나보다...'

나는 일단 아내를 진정시키고 목사님께 전화를 걸어 아내를 부탁드렸다. 아내는 금방 도착한 목사님의 차를 타고 가까운 대학병원으로 가고 나도 급히 회사에 사정을 구하고 병원으로 달려갔다.

병상에 누운 아내는 나를 보자마자 눈물을 글썽였다. 목사님과 급히 달려온 몇몇 성도들에게 감사 인사를 전하고 의사 선생님을 만났는데 현재 상태가 좋지 않아 당장 내일 아침에 수술로 아이를 낳아야 된다고 하셨다.

다른 방법이 없었다. 일단 수술에 동의를 하고 아내를 안심시켰다. 그리고는 연락이 닿는 모든 사람들에게 기도를 부탁했다. 아내와 곧 태어날 셋째 걱정에 밤새 잠을 이루지 못했다. 다음날 오전 9시가 되자 수술이 무사히 끝나 산모와 아이 모두 건강하다는 소식이 들려왔다.

다시 한 번 하나님께 무릎을 꿇고 기도를 드렸다.

이스라엘 백성들을 지켜주심 같이 구름기둥, 불기둥의 보호와 인도를 느꼈던 순간이었다.

간호사의 안내를 따라 아직 눈도 못 뜬 아이를 보러갔다.

너무나 귀여운 딸이었다. 아직 촉촉한 그 작은 손을 잡고 "하나님 감사합니다. 저희에게 귀한 자녀를 주심을 감사드립니다. 건강하게 지혜롭게 에스더와 같은 하나님의 여종 같은 자녀가 되길 원합니다. 잘 양육할 수 있는 지혜를 주시길 원합니다"라고 기도했다.

그러나 아내의 건강에 큰 문제가 생겼다.

수술이 끝난 저녁부터 하혈이 멈추지 않았다. 하혈은 1주일 동안 계속 되어 병원에 있는 혈액이 모두 떨어지기까지 했다. 혈액은행에도 여유가 없다는 연락을 받고 급히 주위에 수소문을 했는데 회사 사람들이 헌혈차까지 불러 도와줘서 너무나 감사했다.

그렇게 주말을 무사히 넘기고 월요일 저녁 화장실 가는 아내를 부축해주고 나는 밖에서 기다리고 있는데 사람이 쓰러지는 것 같은 쿵소리가 들렸다. 나는 소리를 듣자마자 화장실로 들어가 살펴보니 아니나 다를까 아내가 실신을 해 쓰러져 있었다. 일단 아내를 들쳐 업고 서둘러 병상으로 옮기고 있는데 의사와 간호사가 따라 들어왔다.

상태를 면밀히 살펴보던 의사는 자궁적출수술을 해야 하혈이 멈출 것 같다고 말했다. 이 역시 달리 방법이 없었다. 큰일을 연속해서 당해 누구보다 놀랐을 아내를 최대한 안정시키고 수술 준비에 들어갔다. 그리고 다시 교회에 연락을 해 찾아온 교우들과 함께 수술이 진행되는 동안 무릎 꿇고 기도를 드렸다.

2시간이 지나고 의사와 간호사가 나왔다.

다행히 수술은 잘 되었고 앞으로는 아이는 가질 수 없다는 말을 했다. 그러나 이미 든든한 아들이 둘이나 있고, 토끼 같은 딸까지 얻었으니 아내만 수술이 잘 되었다면 더 이상 바라는 것은 없었다. 나는 아내의 손을 잡고 정말 미안하다며 책임을 통감했다. 하지만 그러면서도 정말 신묘막측한 하나님의 예비하심에 놀라지 않을 수 없었다. 송구영신 예배 때 뽑은 말씀이 정확히 들어맞은 것이다.

> "네 아버지의 하나님께로 말미암나니 그가 너를 도울 것이요 전능
> 자로 말미암나니 그가 네게 복을 주실 것이라 위로 하늘의 복과
> 아래로 깊은 샘의 복과 젖 먹이는 복과 태의 복이로다"
>
> - 창세기 49:25

말씀이 현실이 되어 전능자의 하나님께서 네 소원을 이루리라
하신 것처럼 젖 먹이는 복, 자녀의 복을 허락하셨다. 세월은 흐르
고 자녀도 많아졌다. 그리고 이 귀한 삶을 통해 나는 점점 하나
님을 의지하며 조금씩일지라도 신앙이 자라나는 것을 때때로 돌
아보며 확인할 수 있었다.

이런 저런 일을 하며 보니

하나님의 은혜라고밖에 표현할 수 없는 좋은 직장을 얻었지만 아직도 갚을 빚이 많았고 생활비도 녹록치 않았다. 조금이라도 더 빨리 경제적인 안정을 찾기 위해서 회사일을 마치고 세탁공장을 다녀 투잡을 뛰었다.

세탁공장에서 뜨거운 스팀을 쐬며 이런저런 일을 하는 것은 체력적으로 많이 힘들었다. 특히 여름철에는 옷을 몇 번을 갈아입어도 모자를 만큼 땀을 쏟았다. 힘이 들지만 가계에 큰 보탬이 되었기에 많게는 5시간까지 일을 할 때도 있었다.

그렇게 몇 달간 일을 하다가 점점 물량이 줄어서 공치는 시간이 많아져 나는 조금 덜 벌더라도 꾸준히 할 수 있는 일을 찾기 시작했고, 새벽 4시부터 2시간 정도 빌딩 청소하는 일을 시작했다. 3시에는 일어나야 했고, 2시간 일을 하고 집에 돌아와 식사를 하고 잠깐 쉬자마자 다시 일을 나가야 했다. 여간 고된 것이 아니었으나 부양가족만 4명이었기에 가장으로써 가만있을 수는 없었다. 오히려 나는 하나님께 감사했다. 직장 하나도 구하기 힘든 상황에 어찌되었든 꾸준히 일할 수 있는 곳을 2군데나 다니고 있는 것이 아닌가?

하지만 나의 마음과는 다르게 몸과 정신은 많은 스트레스를 받기 시작했다. 운전을 하며 신경을 많이 써서 그런지 집에 와 일찍 누워도 잠이 오지 않을 때가 많았다. 꼬박 샌 눈으로 새벽에 다시 일을 나갈 때가 많다보니 몸이 영 좋지 않았다. 가끔 속이 메스껍고 열이 올라 몸에 이상이 있나 싶어 교회에 다니는 간호사분을 통해 좋은 병원을 소개받아 진찰을 받았는데 다행히 신경성 스트레스와 수면부족으로 나타나는 일시적인 현상이었다. 큰 병이 아니어서 얼마나 다행인지 몰랐다.

몸이 아파 나오는 증상이 오히려 별 것 아니라는 말이 이상하게 위안이 되어 그 다음부터는 잠도 푹 자고 건강도 금세 회복됐다. 힘들게 세상에 나온 딸은 어느새 100일을 맞았다. 아내의 건강도 이제 거의 회복되었고, 나 역시도 몸의 이상이 큰 일이 아니어서 다행이다. 잠시 여유를 가지고 또 지나온 몇 달을 돌아보니 정말 감사한 일들뿐이었다.

아내가 아이를 낳으며 수술을 2번이나 받아 피도 많이 모자랐고, 병원비도 만만치 않았다. 그런데 그동안 알고 지내던 분들이 헌혈카드를 모아 무려 150장이나 보내주셨다. 병원에서 헌혈카드를 이렇게 모아온 사람은 처음이라며 놀랐다. 뿐만 아니라 친구들을 비롯해 많은 분들이 병원비에 보태라며 십시일반 돈을 보내주셔서 가계에 부담 없이 위기를 극복할 수 있었다.

그러고 보니 항상 그랬다. 우리 가정은 내리막을 극복하는 가운데 하나님의 축복을 더욱 체험했고, 감사할 일과 기뻐할 일이 고난과 어려움을 통해 오히려 배가 되었다. 우리 가족이 지나온 과정이 결코 순탄하다고 할 수는 없겠지만 이런 은혜가 있었기에 더욱 더 하나님을 신뢰하고 감사함으로 나아갈 수 있게 된 것이다.

한창 무더위가 기승을 부리는 주말 오후 택배 아르바이트를 부탁하는 이웃 아저씨를 만났다. 저녁 7시에 집하물건을 받아 서울 집하장으로 택배물건을 운송하는 일이었다. 당장 한 푼이 아쉬운 상황이라 아내에게 말을 했더니 새벽일도 힘든데 저녁에까지 일을 하면 힘들어 안 된다며 거절하라고 했지만 주급 10만 원 정도면 가사에 도움이 많이 될 것 같아서 아내를 설득해 일단 시작하기로 했다.

퇴근한 뒤 오랜만에 3톤 탑차에 시동을 걸었다 연식이 오래되어 그런지 엔진소리가 좋지 않고 에어컨도 나오지 않았다. 여기저기 낯선 마을과 공장을 다니며 물건을 받아 대충 정리를 하고 늦은 밤 서울에 있는 택배집하장으로 갔다. 늦은 밤인데도 나뿐 아니라 여기저기서 수많은 차들이 들어와 있었고 물건들을 바코

드로 찍어 확인한 후 다시 분류되고 있었다.

물건을 싣고 내리는 아르바이트 학생들은 하나같이 상의를 벗고 있었다. 날도 더운데 보통 힘든 일이 아니다보니 '요즘도 이렇게 힘든 일을 하는 학생들이 있구나' 싶어 대견하게 생각하고 있는 사이 내 차례가 되었다. 감독은 컨베이어 벨트에 조금이라도 틈이 생기면 안 된다며 일을 빨리하라고 소리를 질렀다. 허리 한 번 펼 시간이 없을 정도로 물건을 옮기고 나니 다 끝난 뒤에도 허리가 펴지를 않았다. 머리부터 발끝까지 모두 땀으로 뒤범벅이 되었고 적재함 문을 닫으려고 손을 올렸는데 나도 모르게 벌벌 떨고 있었다. 이 모습을 본 주위 사람들이 큰일 날까 싶었는지 자기 일들도 힘들 텐데 금세 달려들어 도와줬다.

익숙하지 않은 일을 갑자기 준비도 없이 해서 그런지 긴장이 풀리자 심한 갈증과 배고픔이 느껴졌다. 몇 년 전 인력시장을 다닐 때도 혼자 도로 가드레일을 세우는 철근을 박는 일을 한 적이 있었는데 그때 이후로 이렇게 탈진을 한 적은 처음인 것 같았다. 아내 말을 들을 걸하고 후회도 되었지만 일단은 빨리 적응해서 돈을 버는 것이 중요했다. 몸을 추스르러 사무실에 들어가 정수기를 찾았는데 물이 나오지 않았다. 종이컵도 비치되어 있지 않았고, 아예 정수기 코드가 빠져 있었다.

'아니, 이렇게 힘든 일을 하는데 정수기조차 없다니?'
그래도 어딘가 있겠지 싶어 사무직인 여직원에게 물어보니 예전부터 물은 준비되어 있지 않았다고 했다. 급한 대로 옆에 다른 사무실에 가서 물을 몇 잔 얻어먹고 택배소장에게 전화를 했다.

"여기 이렇게 힘든 일을 시켜놓고 물조차 없으면 말이 됩니까? 뜨거운 물이라도 나와야 라면이라도 먹고 힘을 내지 않겠습니까? 물이랑 간단한 컵라면이라도 좀 준비해주시죠?"

그랬더니 들려오는 대답이 가관이었다.

"사람이 그렇게 많은데 그걸 어떻게 준비해요? 먼저 생수라도 한 통 사오시면 저도 사올게요."

컵라면은 그렇다 치고 물이 없는 것은 이해가 안 됐는데, 당시 나는 얼마나 순진했는지 대답을 듣고 크게 화가 났다가도 곧 '그래, 일을 하러 온 사람이 그런 건 알아서 준비해야지'라는 생각을 했었다.

그렇게 당분간은 새벽에는 빌딩청소를 하고 낮에는 회사 출근, 그리고 퇴근하고는 택배 일을 계속했다. 젊어서 고생은 사서도 한다며 가족을 생각해 이를 악물고 버텼는데, 홈쇼핑 택배의 물량이 많을 때는 아무래도 힘에 부쳤다. 그러면서도 나는 파지를 모으는 일까지 시작했는데 빌딩청소를 하며 나오는 박스며 종이들을 창고에 모았다가 한 번에 파니 나름 짭짤한 수익이 되었다. 당시 이 일까지 합치면 나는 거의 4가지 일을 하던 것이나 다름 없었다.

새벽에 빌딩청소를 하러 가면서 트럭에 파지를 실었고 청소를 마치고 가는 길에는 오는 길과는 다른 길로 돌아오며 종이박스

하나라도 더 찾으려고 노력했다. 또 택배를 하다 보니 홈쇼핑에서 나오는 종이박스도 양이 꽤 됐다.

그런데 택배소장이 매주 지급하겠다는 주급을 한 주씩 미루더니 급기야 한 달이 되어도 감감무소식이었다. 돈이 급해 시작한 일인데 몸만 상하는 것 같아 택배는 그만해야겠다는 생각이 들었다. 약속대로 돈이 들어오지도 않고, 몸도 너무 지쳐있었다.

결국 밀린 주급을 받은 날 그동안 좋은 경험을 해서 고마웠다고 소장에게 인사를 하니 소장은 그제야 아쉬운 듯 주급을 더 올려 주겠다며 몇 달만 도와달라고 사정을 했지만 이미 마음을 먹었던 뒤였다.

택배를 그만둔 뒤에는 파지를 주우러 다녔다. 파지는 생각보다 돈이 많이 되기도 했고 무엇보다 가져다주는 당일 현금으로 손에 들어온다는 매력이 있었다. 퇴근시간마다 두 시간 정도 돌다가 택배를 하며 돌게 된 홈쇼핑 업체에서 1주일에 1,2번씩 박스를 받아왔다.

이런저런 일을 하며 보니 세상의 모든 것이 연결되어 있다는 생각이 들었다. 택배를 하며 돌았던 일이 다시 파지를 줍는 일이랑 연관이 되었고, 그 일은 또 다른 수익이 되어 생계에 도움이 되었다. 비록 힘든 일이지만 어떤 일이든지 하나님은 그 일을 통해 무엇을 깨닫게 하신다는 것이 다시 실감했다.

어느 가게의 사장님은 폐지를 줍는 나의 모습을 보고는 모아둔 신문지를 꺼내 주었고, 또 폐지가 쌓이면 연락을 주겠다고 번호를 알려달라는 분도 계셨다. 그러던 어느 가을 아는 선배가 경기도 일동의 한 만화방이 폐업을 하니 거기서 책을 가져가고 자기는 인기 있는 신간 15권만 전달해 달라고 부탁을 했다.

나로서는 거절할 이유가 없었다. 퇴근을 하고 어두워진 밤길을 달려 약도에 나온 곳으로 도착했다. 가게에는 아주머니 한 분이 계셨는데 미리 연락을 받았는지 '다 가져가시면 된다'고 말한 뒤 방에 들어가셨다. 하긴 폐업을 하는데 기분이 좋을 리 없으실 것 같았다. 만화는 내 생각보다 너무 많아서 자정이 훌쩍 넘었음에도 반도 정리를 못했다. 중간에 목이 말라 근처 슈퍼를 찾아보니 다 문을 닫은 상태였다. 지금처럼 24시간 편의점이 있는 시절도 아니어서 미리 물과 빵을 사다났어야 했는데 시간이 이렇게 오래 걸릴 줄은 몰랐었다.

결국 2층 선반에 있는 책까지 모두 바인더에 묶어 정리하니 새벽 4시였다. 그런 돈 몇 푼 벌려고 이렇게까지 해야 하는지 후회가 되기도 했지만 더 이상 지체할 시간이 없었다. 서둘러 묶어 놓은 책들을 차에 싣기 시작했다. 차에 모두 싣고 시간을 보니 오전 7시 30분이었다. 꼬박 12시간을 단 10분을 쉬지를 못하고 만화책과 씨름한 것이다.

차에 올라 시동을 걸어보니 몸이 천근만근이고 눈에는 모래알이 움직이는 것 같았다. 고물상에 도착하니 아저씨가 깜짝 놀라셨다. 고물상 아저씨와 직원들이 무게를 다는 사이 사무실에 들어가 물을 급히 마시고 잠시 누워 있었다. 아저씨가 타주는 커피를 마시니 몸이 조금 회복되었으나 빌딩 청소도 아직 하지 못해 마음이 급했다. 게다가 만화책이 생각만큼 무게가 나가지 않아 오히려 홈쇼핑에서 박스를 받아다 팔 때보다 돈이 적게 나왔다. 그러나 이 일로 또 소중한 경험을 했기에 후회는 하지 않았고 오히려 하나님께 감사를 드렸다.

집으로 돌아와 미리 챙겨둔 아이들이 볼만한 만화 몇 십 권을 쟁여놓고 바로 쓰러져 잠이 들었다. 누군가 내 배에 올라오는 것 같아 눈을 떠보니 오후 4시가 넘었다. 예쁜 딸이 기어 올라와 내 손과 얼굴을 만지며 장난을 치고 있었다.

사랑스러운 아내는 내가 자고 있는 것을 보고는 아이들을 데리고 나갔다가 들어오자마자 또 식사를 준비했다. 혼자서 애들을 보는 것도 쉬운 일이 아닐 텐데 너무 고마웠다. 그 사이 아이들은 내가 가져온 만화책을 보며 낄낄대고 웃는다. 그 모습을 보니 어제의 고생이 보답을 받는 듯 피로함이 눈 녹듯이 사라졌다.

'이 행복을 위해 내가 그토록 고생을 했고, 또 이 행복을 위해 나는 건강을 지켜야 한다.'

결국 나는 돈도 좋지만 가족들을 위해 건강을 먼저 챙기자는 생각으로 그날 이후로 파지를 줍는 일도 그만두고 새벽에 하는 빌딩청소와 농협일에만 집중을 했다.

"우리는 주의 백성이요 주의 목장의 양이니 우리는 영원히 주께 감사하며 주의 영예를 대대에 전하리이다" - 시편 79:13

43

좋은 것들로 채워졌다

꽃 피는 춘삼월이 찾아왔다.

새벽부터 일어나 청소하는 일에도 몸이 완전히 적응을 했다. 덕분에 카드빚은 완전히 정리가 되어 한결 마음이 편해졌다. 그런데 지금 살고 있는 집의 계약이 얼마 남지 않았다. 안 그래도 작년부터 새로운 거처를 주시기를 바라는 마음으로 계속 기도를 하고 있었다.

일을 하면서도 원하는 지역을 지날 때면 간절히 기도를 했다. 아이들도 점점 자랄 테고 더 큰 집이 필요할 것 같아 일단 주인에게는 기간이 끝나면 이사를 가겠다고 말을 한 상태였다. 하지만 어디로 가야할지 알 수가 없었다. 결국 20일 작정 기도를 시작했다.

새벽에 빌딩 청소를 하고 나면 바로 교회를 갔다. 그리고 아내와 함께 눈물을 흘리며 간절히 기도했다. 새벽 3시에 싸가지고 나가는 도시락을 점심에 먹을 때면 밥이 돌처럼 차가웠지만 그래도 상관없었다. 하나님이 도와주시지 않으면 우리 가족에게는 새로운 보금자리를 마련할 방법이 없다.

작정기간이 끝나갈수록 더 간절히 기도를 했다. 집 거실에서도 바닥이 젖을 정도로 눈물을 흘리며 기도를 했다.

그런데 20일이 되던 마지막 날 교회에서 기도를 마치고 돌아가는 마음에 평안이 샘솟았다. 나뿐 아니라 아내도 마찬가지였다. 저 앞이 잘 보이지는 않지만 그래도 분명히 무언가 있음을 알게 해주는 한 줄기 빛이 있다는 것은 분명히 보였다. 당장 주말에 부동산을 찾았다. 지금 대출받은 전세자금을 은행에 다시 갚고 나면 천만 원도 안 되는 돈이 전 재산이었다. 너무 낡거나 허름한 빌라를 겨우 갈 수 있는 상태였다. 하지만 분명히 기도의 응답을 받았다고 확신한 우리 부부는 조금 더 동네를 돌아보기로 했다.

그런데 퇴근하며 늘 지나던 거리에 있는 신축빌라를 지나다 분양하는 아저씨를 만났다. 부동산에서 이야기를 들었을 때는 분양가가 너무 높아 말도 못 붙여본 집이었다. 그런데 나도 모르게 입에서 불쑥 말이 나왔다.

"여기 분양 다 끝났나요?"

"다 끝나고, 딱 한 개 남았어요. 분양 사무실로 쓰던 곳인데,

이상하게 거기만 안 나가네요."

나는 아저씨와 집을 둘러봤다.

새 집이라 깨끗하고 방이 셋에 화장실 두 개였다. 지금 사는 집보다 두 배는 넓어 보였다.

혹시나 싶어 분양가를 물어보니 역시 생각도 하지 못하던 금액이다. 사정 이야기를 하고 얼마까지 분양이 가능한지 물어보자 되레 얼마가 있느냐고 물어봤다.

솔직하게 이야기를 했다. 우리가 가진 금액은 분양가의 10%정도밖에 되지 않았다. 그랬더니 아저씨가 어차피 제 값은 받기 힘든 세대라며 4천만 원 뺀 거의 원가에 준다며 당장 이사를 해 들어오라고 했다.

나는 바로 계약을 하겠다고 말을 한 뒤에 아내와 상의를 했다. 아무래도 이 집이 하나님이 우리에게 허락하신 집인 것 같았다. 아이들을 데리고 보여주니 너무 좋다며 집 안을 여기저기 뛰어 다녔다. 나는 그 집 거실에서 무릎을 꿇고 기도를 했다.

"하나님 이집을 우리에게 허락하여 주시길 원합니다. '구하라 그러면 너희에게 주실 것이요 찾으라 그러면 찾을 것이요 문을 두드리라 그러면 너희에게 열릴 것이니'라고 말씀하신 주님, 간절히 구하고 구합니다. 우리 가정에게 이 집을 허락하여 주세요. 길을 열어주세요."

아내와 아이들과 간절히 기도를 하고 집으로 돌아와 아저씨에게 전화를 걸어 이번 주말에 계약을 하겠다고 했다. 은행에서 신용대출을 받아 계약금을 준비했다. 계약을 하고 아내와 아이들과 모여 기도를 했다. 일단 다른 사람의 손은 빌리지 않고 계약까지는 완료를 했다. 우리는 다시 한 번 기도를 했다.

"하나님 감사합니다. 하나님께서 준비하고 계셨던 우리에 장막이 담장 넘어 있게 하시고 준비된 돈은 부족하지만 사람에게 빌리지 않게 하시어 하나님에게 영광이 되게 하시고 저희에게는 더욱 감사와 기쁨이 되길 원합니다."

중도금은 담보대출로 쉽게 해결할 수 있었다.

빌딩 청소를 해서 버는 돈이 십일조를 빼고 나면 대출금의 딱 이자와 맞아 떨어졌다. 원금은 월급을 아껴 갚아나가면 큰 무리는 없었다. 부모님과 형제들의 도움을 받지 않고 어찌되었든 스스로 집을 장만하게 된 것이다. 이 소식을 들은 교우들과 가족들은 자기 일처럼 크게 기뻐했다. 입주금과 이자, 원금을 갚기에 벅차 새로운 가구나 가전제품을 하나도 사지 못했지만 그럼에도 오로지 감사와 감사뿐이었다. 결혼 10여년 만에 내 집을 마련한 것이다.

그 무엇 하나 가능한 상황이 아니었다.

그러나 하나님은 무엇이 필요하고, 어떻게 해야할지 모두 알고 계셨다. 처음 교회를 다니는 것을 탐탁지 않게 여기던 아버지도, 엄마도, 형제들도 이제는 "명호가 예수를 믿으니 결혼도 잘하고 아이들도 착하고 직장도 좋은 직장 주시고 이제 집까지 새 집으로 얻었다"며 축하를 했다. 그동안 단칸방에서, 전셋집 셋방에서 부모님을 아이들과 함께 불편하게 모시어 마음이 불편했었는데 이제는 따로 방을 드릴 수 있게 되었다. 그리고 여러 이웃들의 도움으로 가구와 가전제품도 비록 새것은 아니지만 전보다 더 좋은 것들로 완전해 채워졌다. 애절한 20일의 눈물의 작정기도가 하나님의 마음을 움직였는지 하나님은 너무도 귀하고 보배로운 선물을 우리 가정에게 주셨다.

"눈물을 흘리며 씨를 뿌리는 자는 기쁨으로 거두리로다"

– 시편 126:5

44

내가 할 수 있는 다양한 방법으로

그동안 살면서 경험한 나의 하나님, 나는 이 하나님을 너무나 자랑하고 싶었다. 그러나 다른 사람들에게 어떻게 전해야 할지 방도를 찾지 못하다가 라디오에 사연을 올리면 어떨까 싶었다. 몇날 며칠을 고민 끝에 두서도 없는 글을 열심히 적어 사연으로 응모를 한 뒤 잊고 있었다. 그런데 생각지도 않은 때에 방송에 내 사연이 나오고 있었다.

여성 아나운서의 목소리를 타고 전국으로 나의 간증이 또랑또랑하게 전파되고 있었다. 그러나 막상 나의 간증이 방송을 타자 부끄러움이 앞섰다. 너무나 보잘 것 없고 남들 앞에 내놓기 부끄러운 사연처럼 내 귀에는 들렸다.

그러나 방송이 끝나자마자 전국 각지에서 격려의 전화와 메시지가 도달하기 시작했다. 이날 방송을 탔던 내용은 우리 셋째를 낳으며 아내가 겪었던 생과 사의 갈림길에서 만난 하나님, 그리고 도와주었던 사람들에 대한 내용이었다.

우리의 이야기가 방송을 탔다는 사실도 기뻤지만 그보다도 복음을 전달해 한 사람에게라도 하나님을 알리는 일에 도움이 되었다는 사실이 더욱 기뻤다. 우리의 자랑보다는 하나님께 정말로 영광이 되었으면 하는 마음이었다.

이후로도 집을 구한 이야기, 아이들이 자라며 깨달은 내용들을 사연으로 보내 몇 번 더 방송이 되었고, 나는 내가 할 수 있는 다양한 방법으로 내가 만난 하나님을 전하고자 노력했다.

"보내심을 받지 아니하였으면 어찌 전파하리요 기록된 바 아름답도다 좋은 소식을 전하는 자들의 발이여 함과 같으니라"

– 로마서 10:15

45

생사를 걱정해야 할 상황

1 2월 매서운 추위가 몰아치던 어느 날, 평소와 마찬가지로 출근을 했다. 매주 들르던 농가에 들러 매번 하던 익숙한 일을 하고 있었다. 정화조에 차를 대고 흡입호수를 들고 넣기만 하면 되는 일이었다. 그런데 잠깐 정신을 잃었다가 눈을 떠 보니 정화조 안에 빠져 있었다. 정화조 안에 빠지려면 뛰어 넘든가, 누가 빠트리지 않고서는 들어갈 수 없을 정도로 턱이 높았다. 그런데 도대체 어쩌다 빠지게 된 건지 이해가 되지 않았다.

깊이 5미터의 물에만 빠져도 위험할 텐데 나는 정화조에 빠져 생사를 걱정해야 할 상황에 처했다. 그나마 다행인 것은 추운 날씨 덕분에 분뇨가 얼어 늪처럼 서서히 빠져 들어가 양 팔이 자유로웠다. 순간적으로 눈을 감고 기도를 했다.

"하나님 살려주세요. 하나님 다른 곳도 아니고 정화조에서 죽을 수는 없습니다. 하나님 저에게 지혜를 주시길 원합니다."

기도를 금방 마치고 위를 보니 2미터 정도를 올라가야 했다. 몸은 서서히 가라앉고 있어 빨리 무슨 수를 써야 했는데, 그때 옆을 보니 탈수할 때 쓰는 줄이 보였다. 살짝 잡아 당겨보니 체중을 버틸 수 있을 것 같았다.

조금씩 줄을 당기니 몸이 나오기 시작했다. 그러나 이미 빠져 있는 상태라 한 번에 나오기엔 힘이 들어 중간 중간 휴식을 취해야 했다. 그렇게 한참이 지나 겨우 정화조 턱을 손으로 잡고 빠져나올 수 있었다. 나오자마자 하나님께 감사기도를 드렸다.

지금도 왜 그날 정화조에 빠졌는지를 알 수가 없다.

마치 순간이동으로 가 있었던 것 같은 느낌마저 들었다. 다만 날이 춥지 않았다면, 그 줄이 보이지 않았다면, 그 줄이 내 몸무게를 지탱해 주지 않았다면 나는 꼼짝 없이 죽고 말았을 것이다.

나와서 옷을 벗어보니 그렇게 깊이 오래 빠져 있었음에도 손목과 발목에만 분뇨가 살짝 묻었고 내복 안의 몸에는 조금도 묻어 있지 않았다. 덕분에 독이 오르지도 않았다.

내가 왜 빠졌는지는 모르겠으나, 누구의 도움으로 인해 살 수 있었는지는 분명히 알 수 있었다. 농가의 아주머니는 이런 나의 모습을 보고 서둘러 씻으라며 욕실을 빌려주셨다. 나는 회사에 곧 보고를 하고 샤워를 마치고 나왔다. 씻는 내내 시편 말씀을 묵상하며 하나님께 감사를 드렸다.

> "여호와는 나의 목자시니 내게 부족함이 없으리로다 그가 나를 푸른 풀밭에 누이시며 쉴 만한 물 가로 인도하시는도다 내 영혼을 소생시키시고 자기 이름을 위하여 의의 길로 인도하시는도다 내가 사망의 음침한 골짜기로 다닐지라도 해를 두려워하지 않을 것은 주께서 나와 함께 하심이라 주의 지팡이와 막대기가 나를 안위하시나이다 주께서 내 원수의 목전에서 내게 상을 차려 주시고 기름을 내 머리에 부으셨으니 내 잔이 넘치나이다 내 평생에 선하심과 인자하심이 반드시 나를 따르리니 내가 여호와의 집에 영원히 살리로다" - 시편 23편

샤워를 마치니 농가 아주머니가 속옷 한 벌과 운동복 한 벌을 준비해주셨다. 감사 인사를 드리며 옷을 갈아입고 나왔다. 주방에서 아주머니께서 따뜻한 물을 건네주시면서 얼마나 놀랐냐며 물어 왔다. 하나님께서 지혜와 힘을 주셔서 올라 올 수 있었다고 하니 천만 다행이라며 안도하셨다.

잠시 후 찾아온 조합원도 사고사실을 듣고는 나에게 살아나온 것이 기적이라며 손을 잡아줬다. 조합원도 도대체 어떻게 빠졌는지 이해가 안 된다고 했다. 그토록 이해할 수가 없는 일이었다. 다시 회사에 전화를 해서 아무 사고 없이 무사하다고 보고를 했다.

다른 직원들이 와서 보고는 가능성은 적지만 앞으로는 이런 일이 일어나지 않게 정화조 뚜껑까지 만들어 대비책을 세웠다. 회사로 돌아가니 고참 형님이 달려와서 나를 안아줬다. 정화조에 빠졌다는 이야기를 전해 듣고 많은 사람이 달려와 손을 만져 준다. 온몸이 살려고 얼마나 애를 얼마나 썼는지 온몸에 근육이 뭉쳐 있는 듯 아프다. 분뇨를 처리하고 회사에 도착하여 사고에 대해서 이야기를 하고 집으로 돌아왔다.

일찍 퇴근을 해서 아내에게 오늘 일어난 사고에 대한 이야기를 해 주었다. 아내는 눈물을 글썽이며 나를 말없이 안아준다. 우리는 감사기도를 하고 더욱 하나님께 감사하며 행복하게 살자고 다짐을 했다.

그리고 그 행복을 기념하기 위해 삼겹살을 사다가 서로의 입에 쌈을 싸주며 하나님이 허락해주신 행복을 누렸다.

46

위기 때마다 도와주심

그렇게 죽을 고비를 넘기고 다시 편안한 일상이 찾아왔다. 그런데 아내가 내가 안색이 안 좋다며 이제 새벽에 나가는 일을 그만두라고 권했다. 아이들도 어느 정도 컸으니 대신 가까운 곳에 아르바이트를 구했으니 자기가 그만큼 일을 하겠다고 했다.

나도 이제 회사에 좀 더 집중하는 것이 좋을 것 같아 아내의 말을 따랐다. 그런데 아내의 감이 정확했는지 건강검진을 받았는데 소장에 3cm의 작은 종양이 있다고 결과가 나왔다.

주말에 다시 CT 촬영을 했는데 의사가 아무 이상이 없다고 말했다. 돌다리도 두들겨보고 가자는 심정에 다시 촬영을 했는데 작은 종양이 분명히 찍혔다.

이후에 한 달에 한 번 정도 계속해서 검사를 받다가 종양이 더 이상 커지지는 않아 안전히 제거할 수 있다고 판단해 수술을 하자는 의사의 권유를 받아들였다.

　송구영신 예배까지 드리고 1월 2일을 수술날짜로 잡았다.
　종양은 작았지만 절차와 과정은 일반 암수술과 동일했다. 수술 당일 쾌유를 빌어주러 교회 성도님들이 많이들 오셨다. 목사님의 기도를 받고 나는 수술실로 담담하게 들어갔다. 정신을 차려보니 수술은 이미 끝나 병실의 침대 위에 누워 있었고, 아내는 내 손을 잡고 있었다. 목사님과 성도들도 떠나지 않고 주위에 계셨다. 기쁜 마음도 잠시 통증이 갑자기 밀려오기 시작했다. 목사님과 성도님들은 다시 나를 위해 기도를 해주시고는 편히 쉬라고 말한 뒤에 돌아가셨다.

　나는 아내의 손을 잡고 한 번 더 기도를 했다.
　"사랑의 하나님 감사합니다. 직장도 좋은데 주시고 생각지도 못한 좋은 집도 주시고, 건강검진으로 미처 발견 못할 작은 종양도 의사에 눈에 보이게 하셔서 수술도 무사히 마치게 해주심을 감사드립니다. 언제나 위기 때마다 잡은 손을 놓치지 도와주심을 감사드립니다. 아내와 아이들과 더욱 화목하게 믿음 잃지 않고 행복한 가정을 이루겠습니다. 예수님에 이름으로 기도합니다. 아멘"

저녁 무렵 담당의사가 왔다.

수술은 잘 되었고 모든 소장을 꺼내어 검사했는데 절제한 10cm정도 말고는 모두 정상이라고 했다. 나는 모든 것을 하나님께 맡긴 채 어서 회복해 다시 일상으로 돌아가기만 하면 되었다.

"그러므로 우리는 다른 이들과 같이 자지 말고 오직 깨어 정신을 차릴지라" - 데살로니가전서 5:6

47

하나님의 은혜로 말미암아

어머님의 팔순기념을 맞아 가족여행을 가기로 했다. 자녀들에 손자들까지 모두 포함해 가려다보니 33명이나 되었다. 관광버스를 대절하고 숙소와 행선지까지 정하는 것이 보통 일이 아니었으나 무엇보다 의미가 있을 것 같았다.

1박 2일의 일정으로 관광버스 옆 편에는 '신우성, 김연옥 여사님 팔순기념 가족여행'이라는 플래카드를 걸고 출발했다. 사람들이 모두 탑승했는지 확인을 하고는 내가 대표로 이번 여행을 위해 기도를 드리고 출발했다. 그때까지도 예수님을 믿는 가정은 우리 가정뿐이었지만 아무도 반대하지 않고 오히려 눈을 감고 아멘으로 화답해주었다.

"너는 너의 하나님 여호와의 명한대로 네 부모를 공경하라 그리하

면 너의 하나님 여호와가 네게 준 땅에서 네가 생명이 길고 복을
누리리라" - 신명기 5:16

가는 동안에는 모든 가족들이 돌아가며 아버지와 어머니에 대한 감사의 말을 전했다. 이야기 하는 내내 부모님의 얼굴에서는 웃음꽃이 피었다. 이날만큼은 너나 할 것 없이 부모님을 위해 아이처럼 노래를 부르고 춤도 추면서 축하를 위해 한 몸들을 아끼지 않았다. 정신없이 노는 가운데 버스는 어느새 전라도 남원 춘향원에 도착했다.

가볍게 춘향원을 돌아보고 남원에서 가장 유명한 집에 가서 추어탕을 먹었다. 이렇게 온 가족이 플래카드까지 걸고 관광버스로 다니는 것이 신기했는지 많은 사람들이 사진을 찍어 갔으며 외국인들이 특히 큰 관심을 보였다. 어떤 외국인들은 우리 가정의 화목함에 큰 감명을 받았는지 계속 따라다녔고, 심지어 식당까지 와서 우리 사진을 찍어갔다.

"모든 것이 하나님께로 났나니 저가 그리스도로 말미암아 우리를
자기와 화목하게 하시고 또 우리에게 화목하게 하는 직책을 주셨
으니" - 고린도후서 5:18

비록 하나님을 믿는 가정은 우리밖에 없었지만 그럼에도 우리 모두는 하나님의 은혜로 말미암아 화목했다. 우리 가정을 통해 보여주신 하나님의 역사하심으로 비록 믿지는 않았음에도 그 사

실을 부정하는 사람들은 없었다. 특히나 모든 가족들이 화목하고 사랑하며 그 중심이 되시는 부모님이 건강하시기를 기원하는 마음으로 다 같이 기뻐하며 축하하는 시간을 가졌다.

남원에서의 일정을 마치고 우리는 남해로 달려 한 펜션에 자리를 잡았다. 비는 부슬부슬 내렸지만 온 가족이 재료를 준비하고 불을 피워 바비큐 파티를 했다. 그리고는 트리를 준비하고 케이크를 가져와 여행의 마지막 날을 아름답게 자축했다. 동행하며 모든 일정을 지켜봤던 버스기사님도 그동안 가족 동반의 여행을 많이 모시고 다녔지만 우리 가족처럼 1박 2일 동안 화목하게 지내며 다양한 순서를 준비한 집안은 처음 보셨다고 말해주셨다.

다음 날 아침 일찍 짐을 챙겨 온 가족 모두 버스에 몸을 실었다. 올라가는 길에 남해대교에서 잠깐 휴식을 취하며 온 가족이 함께 가족사진 촬영을 했다.

"네 부모를 즐겁게 하며 너 낳은 어미를 기쁘게 하라"

- 잠언 23:25

하나님의 말씀은 정말 살아있는 말씀이었다. 부모님을 기쁘게 해 드리니 온 가족이 행복했다. 처음 교회에 나와 은혜를 받은 뒤에도 가장 먼저 후회되는 것이 부모님께 불효를 한 것이었고 그 이후에는 없는 가운데도 항상 부모님을 챙기고 편하게 모셔 드리려고 노력을 다했다. 그리고 그런 축복이 이런저런 모습으로 내 삶 가운데 나타났다.

48

말씀을 찾아가며

평온하던 직장 생활에서 아주 큰 변화가 찾아왔다. 인사 이동으로 부서를 옮기게 되었는데 창고에서 짚더미와 같은 큰 짐을 옮기는 일을 해야 했다. 그런데 새로 이동한 나를 맞선임이 일도 가르쳐주지 않고 그냥 방치해두다시피 했다. 어떤 인수인계도 받지 못한 상황에서 일은 해야 하는 상황인데 부서가 따로 떨어져 있는 곳이다 보니 어디 마땅히 도움을 청할 곳도 없었다.

나는 오기가 생겨 맨땅에 헤딩을 하듯이 스스로 깨우치며 일을 했다. 수량을 채우기 위해서 밤새도록 창고에서 나오지 않은 적도 있고 일을 배우는 와중에 틈틈이 연습을 해 지게차 면허도 땄다.

하지만 너무나 갑작스런 부서이동이었기에 면허가 있다 해도

좋은 것으로 만족하게 삽니다

모든 일이 너무 힘들었다. 비슷해 보이는 건초들의 이름과 용도, 그리고 새로운 농가와 조합원들의 이름과 얼굴까지 외워야 했다. 심지어 도와주는 사람도 없다보니 그야말로 눈앞이 깜깜했다.

나보다 조금 후배인 직원은 못하겠으니 다른 곳으로 보내달라는 말을 총무과 직원에게 하라고 했지만 나를 향한 걱정이 아니라 일부러 나를 보내려고 작정한 말 같이 느껴져서 기필코 극복을 해내고 말겠다는 다짐을 더욱 굳혔다. 실제로 그 역시 나보고 이동하라는 말만 했지 인수인계에 대한 것은 단 한 마디도 해주지 않았다.

드디어 본격적으로 일을 하게 된 첫날은 크게 긴장됐다. 지게차를 좀 만져보고 머릿속으로 많은 이미지 트레이닝을 했지만 실제 공간에 들어서서 일을 하자 상황이 많이 달랐다. 조합원들이 하나 둘씩 찾아와 '톨훼스큐, 티모시, 알팔파' 등 생전 처음 들어보는 볏짚의 이름을 대며 달라고 하는데 혹여나 실수할까봐 진땀이 났다. 대부분의 조합원들은 나의 어수룩한 모습을 보고 열심히 하면 금방 실력을 쌓을 것이라고 격려를 했지만 이를 답답하게 생각하는 사람도 많아 민원이 첫날임에도 많이 들어왔다. 내 앞에서 바로 불평을 쏟으며 화를 내는 사람도 있었다.

다음날 처음으로 컨테이너에서 건초 하차 작업을 시작했다. 강한 햇살로 달구어진 컨테이너는 찜질방에 비견될 만큼 숨이 막혔다. 습하고 어두운 컨테이너 속을 큰 지게차로 비집고 들어가 건초를 집어내는 일은 보통 어려운 일이 아니었다. 조금만 실수해도 겉을 싸고 있는 비닐 랩이 찢어져 떨어진 건초를 다시 모아 다시 포장해야 하는데 30kg의 더미가 20개도 넘었기에 작업이 많이 지체되는 어려운 일이었다.

컨테이너 2대를 작업하는데 3시간이 넘게 걸렸다. 아무도 알려주지 않았기에 혼자서 배워가며 뒤처리를 하느라 얼굴과 온 몸이 여기저기 다치기도 했다. 더운 날씨로 땀도 많이 흘려 베인 상처가 소금에 절인 것처럼 따가워서 참기가 힘들었다.

나를 더욱 비참하게 만든 것은 이 모습을 지켜보고 있는 직원들이었다. 선임으로 나에게 제대로 일을 알려주고 지시를 해야 했음에도 가만 지켜보다가 이따금씩 자리를 비울뿐 나에게 말한 마디 붙이지를 않았다.

사방에 둘러싸인 건초가 원망스러웠다. 그러나 포기할 수 없었다. 건초이름을 종이에 적어 주머니에 넣고 수시로 확인하며 외웠다. 또 틈이 날 때 A4용지에 건초이름을 적어서 코팅을 해 붙였다. 덕분에 건초를 확인하고 찾는 일은 아주 수월해졌다. 약 6미터 정도의 높이의 650~700kg이나 나가는 건초를 쌓고, 처음 보는 조합원들을 기억하고 주문받은 건초를 내리고 싣고 또 서류를 작성하고, 그야말로 눈코 뜰 새 없이 바쁜 나날의 연속이었다. 매일 출근할 때마다, 일하는 순간마다 쉬지 않고 기도를 드렸다.

'하나님 저에게 지혜를 주셔서 컨테이너 작업에서 출고까지 지

190   좋은 것으로 만족하게 삽니다

혜롭게 안전하게 일할 수 있는 능력을 주시길 원합니다.'

'너희가 전심으로 나를 찾고 찾으면 나를 만나리라'

   – 예레미야 29:13절

    말씀을 찾아가며 계속 기도했다. 그만큼 나는 주님의 도움이 간절했다.

    '하나님 절망하지 않게 하시고 포기하지 않게 하시고 지혜와 능력을 주시는 우리 하나님 아버지 저를 도와주시길 원합니다. 지혜를 주시길 원합니다. 피곤한 자에게는 능력을 주시며 무능한 자에게는 힘을 더하시는 주님(이사야 40:29). 저는 피곤하고 지혜도 없고 무능한 아들입니다. 주님이 도와주시지 않으면 도저히 이겨낼 수가 없으니 부디 도와주세요.'

    그리고 3일째의 출근 마음은 한결 편했다. 그러나 일은 평소보다 배가 많았다. 컨테이너 2대 분량의 건초를 작업하고 있는데 실수도 갑자기 잦아졌고, 일이 영 손에 붙지 않는다. 작업의 절반은 실패해 수습하는 시간만도 근무 시간이 모자랐다. 일이 끝나고도 계속해서 건초를 모아 랩으로 싸고 다시 올려놓는 작업을 반복했다. 끼니도 거르고 일에만 집중해 몸은 쓰러지기 일보직전이었지만 오기로 버텼다.

    어느새 퇴근시간은 훌쩍 지나 밤 11시가 되었다. 컨테이너 옆에 웬 승용차가 들어왔지만 온 신경이 일에만 가 있어 누가 왔는지, 이 늦은 시간에 무슨 용건으로 왔는지, 행여 수상한 차는 아닌지 궁금하지도 않았다. 그런데 차에서 내린 두 사람이 이쪽으로 다가왔다. 가만 보니 아내와 교회 집사님이었다. 두 분은 퇴근도 못하고 지친 얼굴로 혼자 일을 하는 내 모습을 보고 눈물을 글썽거리고 있었다. 그 모습을 보니 괜시리 나도 코끝이 시큰했다.

"일하는 곳에는 뭐 하러 왔어? 오늘은 그냥 좀 일이 많아서 늦게 끝난 거야."

그리고는 곧장 아내와 집사님을 데리고 사무실로 가서 커피 한 잔을 함께 했다. 사랑하는 아내와 따뜻한 커피를 한 잔 하니 그래도 피로가 많이 풀리는 것 같았다.

"어때? 혼자서 이렇게 열심히 일하는 모습을 보니 람보 같지 않아? 걱정 말고 집에서 쉬고 있어. 고생은 사서도 한다는데 부서 옮기고 처음이라 어쩔 수 없는 일이야. 나는 금방 마무리만 하고 갈게."

아내를 안심시키고 다시 건초와 싸움을 벌였다. 새벽 1시가 돼서야 드디어 모든 작업이 끝났다. 총 820개의 건초를 정리해 원상복구를 시킨 것이었다. 아무도 없는 새벽 1시의 창고에서 나는 승리의 환호성을 질렀다. 그리고 집으로 돌아갔더니 그 늦은 시간까지 아내가 잠을 자지 않고 날 위한 저녁을 준비하고 있었다. 나는 아내의 정성과 사랑에 탄복하며 세상에서 가장 행복한 미소로 그날 늦은 저녁을 먹고 푹 잠을 잤다.

이렇게 스스로 열심히 하는 모습을 계속 보여주자 일을 점차 안정되게 할 수 있었고, 이런 모습을 지켜보는 다른 조합원과의 유대관계가 좋아지고 있었다. 나만 보면 불평을 하고 툴툴거리던 사람들이 칭찬을 하는 모습은 더욱 자극이 되어 나는 배로 열심히 일을 했다. 하루는 내 퇴근 시간에 조합장이 사무실에 일부러 찾아와 격려하며 칭찬을 아끼지 않은 적도 있었다.

일의 여유가 생긴 나는 하나님께 감사한 마음을 더욱 표현하기로 결심을 했다. 교회에 매주 한 번씩 시간을 정해 교회청소를 시작했고. 주일에는 교육부서에 들어가 주일학교 봉사를 했고, 늦은 저녁까지 예배를 드렸다. 예배를 사모하는 마음은 점점 커져서 매주 주일이 되기만을 기다리는 심정으로 6일을 보냈다. 일을 하면서도 틈틈이 말씀을 묵상했고, 나의 약점을 보완하기 위해 컴퓨터도 열심히 배웠다. 그동안은 업무일지를 비롯해 모든 자료를 다 수기로 작성했는데, 컴퓨터를 배운 뒤 작업일지를 기록하고 주거래 조합원에 명단을 만들어 주기적으로 납품 때가 되면 전화 방문으로 인사를 하고 설명을 드리니 그 전보다 매출이 많이 올라 실적에도 도움이 됐다.

가정생활도 아무런 문제가 없었다. 막내딸의 유치원 재롱잔치에 가니 하얀 드레스를 입고 인형처럼 사뿐사뿐 걸어 나오는 모습이 단연 돋보였다. 지난여름 아토피로 많은 고생을 했었는데 또 하나님의 은혜로 다시 회복되어 무사히 재롱잔치를 할 수 있게 되었다. 천사처럼 걸어 나와 인사를 하는 우리 딸의 모습은 정말 예쁘고 아름다웠다.

두 번이나 수술을 하며 힘들게 아내가 병원에서 낳은 지가 얼마 되지 않은 것 같은데 하나님은 어느새 우리 딸을 예쁘게 천사처럼 키워 주셨다. 많은 학부형들의 박수를 받으며 무대에서 재롱을 펼치는 딸이 정말 예쁘고 감사했다. 때로는 가정에도 문제가 있고, 회사에도 어려움이 있다. 교회도 마찬가지다. 그러나 노력을 하는 만큼 어려움을 극복하게 도우시고 결국 나의 노력보다 훨씬 귀한 복을 주시는 공평하신 하나님이었다. 그 하나님을 만나고 늘상 감사를 하는 것이 어느새 우리 가정의 습관이 되었다.

"아무 것도 염려하지 말고 다만 모든 일에 기도와 간구로, 너희 구할 것을 감사함으로 하나님께 아뢰라" - 빌립보서 4:6

한 여름이 시작되었다. 열대야로 매일 선풍기를 틀어놓지 않으면 잠을 자지 못하는 날들의 연속이었다. 우리 가족은 거실에 모여 수박을 나눠 먹고 있었다. 큰 녀석은 수박을 좋아하지 않아 대신 아이스크림을 먹었다. 아내 친구인 유리 엄마가 찾아와 갑자기 이런 말을 했다.

"친구가 근처 아파트에 살고 있는데 사용한지 얼마 안 된 돌침대를 버려야 된다고 필요하면 가져가라고 하더라고, 혹시 필요하지 않아?"

내일 새벽에 이사를 한다고 해 그날 밤에 당장 가봤다. 그냥 돌침대도 아니고 옥돌침대였는데 정말 거의 새것 같았다. 게다가 침대 뿐 아니라 장롱, 화장대, 가죽 쇼파, 아이들 의자와 거실용 테이블까지 가져가도 된다고 했다. 새집으로 이사는 했지만 그전에 쓰던 낡은 가구가 거의 부서질 지경이었는데 너무나 감사한 일이었다.

아내와 상의를 하고 그 집의 가구를 모두 가져오기로 했다. 바로 이삿짐센터에 연락을 해 아파트 이사 시간에 맞춰서 찾아가기로 했다. 직원에게 우리 집에 옮길 것들을 정확히 알려주고 나는 서둘러 출근을 했다. 집에 와보니 번지르르한 가구들이 도착해 있었다. 이제야 새집으로 이사를 온 것 같았다. 비록 남이 사용하던 가구를 이사하고 얼마 지나서야 얻게 되었지만 우리 가족에게는 하나님이 응답해주신 귀한 선물로 여겨졌다.

준비하지 않아도 알아서 주시고, 고민하지 않아도 때에 맞게 좋은 것을 주시는 주님을 찬양하며 우리 가족은 새것 같은 가구들을 바라보며 그날 하루를 무척 행복해 했다.

49

나를 향한 하나님의 사랑

아이들의 방학이 끝날 무렵 8월의 토요일 큰아이와 둘째 아이와 점심을 일찍 먹고 서울까지 걸어서 가보기로 했다. 그동안 자녀들이 많이 자라며 사춘기도 오고 대화도 줄어든 것 같아 이참에 오며가며 속 깊은 이야기를 나누기 위해서였다. 점심을 든든히 먹고 작은 물병을 하나씩 챙겨 서울로 떠났다.

아직 한 여름에 게다가 한 낮이라 햇살이 강했다. 눈살을 찌푸리는 햇볕에 아직은 서로 말없이 샛길과 큰길을 지나고 개천을 따라 한강 쪽으로 묵묵히 걸었다. 수건은커녕 손수건도 가져오지 못해 땀이 줄줄 흘러 삼부자의 꼴이 우스웠다. 2시간 정도를 걸어서 한강에 도착을 했다. 잠시 우리는 의자에서 휴식을 취했는데 이때까지 아무런 말도 없는 상태였다. 편의점에서 물을 새로 구입한 후 한강을 따라 서울로 걸어갔다. 그런데 이때를 놓치면 모처럼의 아들과 함께 한 나들이가 싱겁게 끝날 것 같아 용기를 내 먼저 물었다.

"원교야, 다리는 괜찮니?"

"다리 아프고 힘들어."

둘째 인교에게는 한강을 보니 어떠냐고 물었더니 말없이 고개만 끄덕거린다. 둘째는 확실히 마음이 닫힌 상태라는 걸 알 수 있었다. 조금 더 용기를 내어 두 아들의 손을 꼭 잡고 말을 이었다.

"얘들아, 힘든 일이 있을 땐 나에게 아빠에게 말을 해줘. 나는 너희들 아버지잖아. 언제든 너희들 이야기를 들어주고 보듬어 줄 수 있는 게 아버지 아니겠니?"

그런데 이런 직설적인 말이 아이들에게는 효과가 있었던 것 같다. 한 명씩 힘들었던 일을 자연스럽게 이야기하기 시작했다. 맞장구도 쳐주고, 조언도 해주며 걷다보니 올 때보다는 확실히 걷는 속도가 많이 느려졌다. 우리는 대화를 하다 지치면 잠시 쉬기도 하고, 그러며 천천히 집으로 돌아갔다. 그러나 올 때와는 다르게 대화 소리는 끊이지가 않았다.

그럼에도 여전히 둘째의 마음이 활짝 열리진 않은 것 같아서 내 속마음을 이야기해 주었다.

"너희들이 어릴 때 아빠가 양쪽으로 너희를 안고 함께 놀던 게 엊그제 같은데 어느새 너희가 벌써 중3, 그리고 중1이 되었구나.

아빠가 너희에게 제대로 신경을 써주지 못해서 미안하구나. 뒷바라지도 제대로 못해주는 것 같고... 아빠는 일 욕심이 많아 무엇이든 배우고 쉬지 않고 일을 해 왔어.

너희가 어릴 때 조그마한 공장도 하다가 경험 부족으로 실패도 했고 오늘 같이 뜨거운 여름에 현장 일을 하면서 구슬땀을 흘리기도 했단다. 그러나 그런 고생을 하면서도 하나님에 대한 감사는 잊지 않았어. 그리고 그런 경험을 통해서 세상의 모든 일과 사람들이 저마다의 가치를 가지고 있다는 사실을 깨달았지.

뜨거운 현장에서 땀을 흘리며 일하는 수많은 사람들이 없으면 우리가 걷고 있는 이 길도 없고, 그 사람들의 수고와 땀이 없다면 이 푸른 강물도 금세 메말랐을 거란다. 저기 보이는 많은 건물, 도로, 철도, 교량 모든 것들이 사람들이 노가다, 혹은 막일꾼이라고 하대하는 노동자들의 귀한 희생과 노력으로 생긴 것이고 그로 인해 우리가 누릴 수 있게 된 거야. 아빠도 현장에서 일을 할 때는 신세한탄을 참으로 많이 했지만 그 사실을 알고 나서는 오히려 그 귀한 일에 헌신하게 해주심을 하나님께 감사드렸단다.

그늘 하나 없는 현장에서 허리가 상해가며 일을 할 때에도 아빠는 하나님께 감사함으로 성실히 일을 했어. 또 그렇게 우리 가족도 살아갈 수 있었고. 그래서 너희를 학원에도 못 보내주고 좋은 것들을 많이 못해줘서 슬플 때도 있지만 아빠가 하루 일을 해서 우리 가족이 같이 한 식탁에서 웃으며 엄마가 맛있게 끓여

준 된장찌개를 숟가락을 부딪쳐 가며 먹을 수 있다는 사실만으로도 얼마나 감사한지 모른단다. 하나님이 허락하신 우리 가족이 얼마나 소중하고 사랑스러운지 너희도 알았으면 좋겠구나. 너희가 마음이 아프면 엄마 아빠도 마음이 아프고 너희가 기쁘면 엄마 아빠도 얼마나 마음이 좋은지 아니?"

두 아들 모두 조용히 고개를 끄덕거린다. 그때 나누었던 대화들이 전부 기억나지는 않지만 우리 삼부자가 서로를 향한 사랑을 충분히 느꼈던 그 감정은 지금도 생생하다. 집으로 가는 길까지 우리는 손을 놓지 않고 계속해서 대화를 나누며 행복한 시간을 가졌다.

하나님은 우리를 얼마나 사랑하실까? 나를 향한 하나님의 사랑은 얼마나 클까? 죽을 때까지 이 답을 알 수는 없겠지만 때로는 자녀를 사랑하는 마음을 통해 하나님의 사랑을 적게나마 가늠해볼 수 있지 않을까 생각한다.

"유월절 전에 예수께서 자기가 세상을 떠나 아버지께로 돌아가실 때가 이른 줄 아시고 세상에 있는 자기 사람들을 사랑하시되 끝까지 사랑하시니라" - 요한복음 13:1

50

형제 자매들이 모두 한 지체

10년 넘게 다니던 교회에서 크고 작은 문제들이 계속
해서 일어났다. 성도들과 사모님과의 갈등이 특히나
컸고, 초반에는 목사님 험담을 하는 모습만 보면 불 같이 화를
내던 나도 감내하기가 힘들 정도로 목사님의 목회도 점점 변해가
고 있었다.

아무래도 교회가 외진 곳에 있어서인지 부흥이 잘 되지 않아
물질적인 어려움을 많이 겪고 계신 것 같았다. 그로 인해 목사님
은 단기간에 급성장을 하려면 이적이 나타나야 한다는 생각을
하셨는지 갑자기 성령체험과 은사를 중시하는 교회의 모습이 되
고 말았다.

매주 귀신을 쫓아야 한다는 내용과 예언에 대한 말씀 밖에 하

200 좋은 것으로 만족하게 삽니다

지 않으셨고 헌금에 대한 강요도 조금씩 심해지고 있었다. 나중에는 입신처럼 보이는 행동을 예배 중간에 하기도 하셨다. 매주 교인이 줄기 시작했고, 몇 달이 지나자 나를 비롯해 정말 몇 가정만이 남아 예배를 드렸다.

나 역시도 마음이 흔들렸다. 그러나 이미 교회를 한 번 옮기는 일이 이유를 막론하고 얼마나 신앙적으로 괴로운 경험인지를 알고 있었기에 끝까지 망설였다. 하지만 그런다고 해결될 문제가 아니었다. 먼저 나와 우리 가정의 건강한 신앙과 믿음이 중요했다.

그래서 교회를 옮기기로 굳게 마음을 먹고 오래 알고 지내던 집사님께 인근의 교회를 추천 받았다. 지금까지 다녀 본 교회 중에는 가장 컸고, 대로변에 있어서 찾아가기도 쉬웠다. 그러나 새로운 교회를 향한 발걸음이 차마 떨어지지 않았다.

10년 이상을 믿음으로 섬기던 교회라 그런지 막상 떠나려니 마음이 찢어지고 또 찢어졌다. 어느 곳 하나 내 손때가 묻지 않은 곳이 없을 정도로 사랑하며 섬겼던 교회인데, 몇 주째 이러지도 저러지도 못하면서 망설이다가 예전처럼 신앙생활에서 완전히 멀어지는 것은 하나님이 원하시는 일이 아닌 것 같아 마음을 굳혔다.

다음 날 마지막으로 조용히 교회를 찾아가 구석구석 교회 청소를 하며 마음속으로 기도를 드렸다.

"하나님, 비록 좋지 않은 일로 저희는 떠나게 되었지만 그래도 주님이 세우신 교회를 축복하여주시고, 계속 목회하시는 목사님과 성도님들에게 은혜가 함께 하사 다시 교회가 부흥하여 지역 주민을 복음을 전하는 교회가 되길 소원합니다."

교회의 모든 등을 끄고 어두운 회당에 홀로 무릎을 끓어 기도를 하고 교회 현관문을 닫는 순간 눈물이 온 얼굴을 타고 흘러 내렸다. 우리 가족은 마음을 굳게 먹고 다시 새로운 곳에서 신앙 생활을 시작했다.

그리고 새로운 교회에서 몇 번의 예배 뒤에 교회를 두 번이나 옮겨 상처 입었던 내 마음에 하나님이 회복을 시켜주시는 역사를 경험했다.

저녁예배 시간에 하나님을 찬송하는 가운데 성령이 내 마음에 찾아오셨다는 것이 느껴졌다. 그 순간 이런저런 걱정과 근심은 모두 사라지고 마음에 주님이 주신 참 평안이 느껴졌다. 내 몸은 뜨거워졌고, 성령님의 임재하심이 느껴졌다. 응어리진 마음은 눈 녹듯이 눈물과 함께 쏟아져 내렸다. 마음을 정돈하고 하나님의 말씀을 청종했다.

"예수께서 그리스도이심을 믿는 자마다 하나님께로부터 난 자니 또한 낳으신 이를 사랑하는 자마다 그에게서 난 자를 사랑 하느니라" - 요한일서 5:1

"하나님은 여전히 나를 사랑하셨는데, 이는 나 여호와 너의 하나님이 네 오른손을 붙들고 네게 이르기를 두려워 말라 내가 너를

도우리라 할 것임이라" - 이사야 41:13

조그만 상가에 있는 교회를 섬기다 큰 교회를 오니 뭐든 신기하고 새로웠다. 방송실부터 청소년부실, 어린부실, 영 유아부실, 식당 주방 그 외에 기도실, 새가족부실 모든 부서가 성경의 말씀대로 예수님에 지체가 되어 각자 자리에서 최선을 다해 섬기고 있었다. 각자의 영역에서 최선을 다하는 성도님들의 섬김을 보니 그동안 최선을 다한다고 나름 했던 나의 신앙생활은 부끄러움 그 자체였다.

10년을 같은 성도들과 가족같이 신앙생활을 했지만 또 옛말처럼 우물 안 개구리처럼 지내온 것 같다. 더 열심히 전도하고 섬기던 교회를 이처럼 세웠어야 하는데 이만하면 됐다싶은 교만한 마음이 교회에 좋은 영향력을 끼치지 못했던 것 같다. 그러면서 때때로 사람들이 열심히 하지 않는다고 생각하며 교만한 마음을 회개하게 되었다.

"너는 네 눈 속에 있는 들보를 보지 못하면서 어찌하여 형제에게 말하기를 형제여 나로 네 눈 속에 있는 티를 빼게 하라 할 수 있느냐 외식하는 자여 먼저 네 눈 속에서 들보를 빼어라 그 후에야 네가 밝히 보고 형제의 눈 속에 있는 티를 빼리라" - 누가복음 6:42

성경에는 믿는 형제자매들이 모두 한 지체라고 나와 있다. 그런데 나 역시 그 말을 눈으로만 보아 알지 실천하며 살지 못했다.

가끔씩 하는 일이라고 해도 하나님보다 사람에게 보여주기 위한 마음인 것도 분명 있었다. 그러나 사람한테 인정받기 위해 열심히 하는 것이 무슨 신앙인가! 지나온 세월동안 예수님을 믿긴 믿은 건지 회개를 하며 용서해달라고 기도를 드렸다. 그리고 이제부터는 믿는 대로 실천하는 참된 성도로 살아가기로 했다.

"나더러 주여 주여 하는 자마다 천국에 다 들어갈 것이 아니요 다만 하늘에 계신 내 아버지의 뜻대로 행하는 자라야 들어가리라"

– 마태복음 7:21

선택이 아닌 필수

목 사님께서 아버지 학교에 입학을 하라고 하셨다.
교회에서 한다고 그동안 말로만 듣던 프로그램이었다.
우리 가정은 딱히 문제가 있지는 않았지만 '아버지가 살아야 나라가 산다'는 구호에 끌려 그래도 한 번 들어보면 나쁠 것이 없겠다는 생각을 했다. 무엇보다도 목사님께서 너무 강력하게 추천을 하셨다.

매주 토요일 오후 교회에서 진행하는데 여름쯤 입학을 했는데 교회에 다니지 않아도 누구나 전화로 등록을 할 수 있었다. 당일엔 이미 수료를 했던 자원봉사자들이 밝게 맞아주었고 생각보다 많은 분들이 등록을 해서 깜짝 놀랐다.

우리 조는 이름을 '오뚜기'로 정하고 조장과 지원자 총 6명이 서로 소개를 하며 인사를 나눴다. 프로그램은 아버지의 영향력, 아버지의 사명, 아버지의 영성, 아버지와 가정 등 그동안 알지 못하던 부분까지 세세하게 잘못된 부분과 어떤 것이 바른 것인지 알려주는 프로그램이었다. 우리 조에는 예수님을 믿지 않는 형제가 한 명 있었는데 지내보니 믿는 우리보다 마음이 더 순수했다. 아내와 두 딸이 있는 그의 말은 화려하진 않지만 진솔하게 우리 가슴에 맺혀 그가 말을 할 때마다 한두 명씩 꼭 우는 사람이 있었다.

그의 이야기를 통해서 외로운 아버지의 삶에 대해 조금 더 깊이 이해할 수 있었다. 그런 이야기의 어떤 부분은 나의 이야기이기도 했고, 이 시대의 아버지들의 이야기이기도 했다. 아이들도 어느새 훌쩍 크고 책임감을 내려놓지 못하고 오히려 외롭기까지 한 것이 아버지의 자리였다.

하나님이 우리에게 주신 가정이 기업 중에 기업인데 대부분의 아버지들은 자신들의 소임을 다하지 못할 때가 많다. 그로 인한 부작용이 사회적 문제로까지 야기되고 자녀들의 교육문제까지 이어진다. 결국 아버지가 영적으로, 또 가정적으로 어떻게 서야 하는지 알아야 하는 것은 선택이 아닌 필수였다. 매주 토요일마다 아버지 학교에서 만나 나눈 이야기는 서로 강한 동질감을 느끼게 하는 좋은 매개체가 되었다. 아버지에 중요성을 같이 깨닫고 남편에 자리의 마땅한 역할과 중요한 점이 무엇인지 배우고 아내와 가정을 더욱 아끼며 사랑하게 되었다.

어느새 한 달간의 과정이 모두 끝나고 마지막 5주째 아내와 아이들도 함께 참석하는 시간이 찾아왔다. 아내의 발을 씻어 주는 세족식이 시작되었고 어두운 조명 가운데 '주는 평화' 찬양이 흘러나오고 있었다. 아내들은 준비된 의자에 앉아 있었고 그 앞에는 남편들이 아내 앞에 서서 사회자의 지시를 따랐다.

"이제 남편 되신 형제들께서는 아내의 두 발 앞에 무릎 꿇어 앉으시기 바랍니다. 그리고 아내의 맨발을 두 손으로 감싸 안아 주시기 바랍니다. 진정한 사랑은 그녀의 이러한 허물까지도 사랑하는 것입니다. '이제 나는 아내를 사랑하겠노라'라고 고백하시며 기도하기 바랍니다. 그동안 아내를 진정 이렇게 사랑하지 않으셨다면 이제 나의 그러한 과거의 허물을 용서해 달라고 하나님께 기도하십시오."

떨리는 마음으로 아내의 손을 잡고 그동안 잘못을 용서해달라는 기도를 시작했다. 지금까지 함께 나를 믿고 함께해준 아내에게 먼저 고마움을 이야기하며 좀 더 사랑하지 못하고 아껴주지 못해 미안하다며 고백했다. 기도보다는 용서를 구하고 앞으로 더욱 당신을 사랑하겠노라고 목이 멘 고백이었다.

뜨거운 눈물이 아내의 손등을 타고 흘렀다. 아내는 아무 말 없이 내 얼굴을 맞대어 위로를 해줬는데 아내의 눈에서도 눈물이 흐르고 있었다. 결혼을 하고 자녀를 낳으며 함께 했던 세월들... 사업 실패로 인해 오랜 세월 경제적인 어려움까지 겪으며 살림하랴, 때로는 부업도 하랴 서럽고 힘든 일도 많았을 것이다. 왜 진작 아내를 이토록 생각하지 못하고 어느 때는 원망도, 미워도 했을까?

회한에 젖어 눈물과 감동, 그리고 사랑의 위로를 주고받는 사이 어느새 세족식은 끝이 났다. 아주 잠깐의 시간이 지났지만 오랜 시간이 흘렀던 것처럼 우리 부부가 느꼈던 감정의 동화는 강력했다.

인도자는 이제 아내를 꼭 안아주라는 멘트를 했고, 나는 첫사랑을 하는 것처럼 꼭 안고 사랑한다고 고백을 했다. 이제 행사가 일단락되고 초대받은 손님을 비롯해 모든 사람들이 한 자리에 모여 그동안의 소감을 들어보고 축하하는 시간만이 남았다. 둘째 주의 숙제였던 가족에게 편지 쓰기의 우수작을 발표하는 시간이 있었는데 내가 뽑힐 일은 없겠다 싶어 편하게 남의 이야기를 들었다. 그런데 맨 마지막에 나의 이름을 덜컥 부르는 것이 아닌가. 졸지에 가족들과 함께 무대 위로 올라가긴 했으나 가슴이 떨려 글을 읽을 수가 없었다. 먼저 가족들을 소개하고 크게 심호흡을 하고 편지를 읽기 시작했다. 수도 없이 봤던 내용이고, 이미 알고 있는 내용이었으나 글을 읽으면서 눈물을 주체할 수가 없었다. 그런 나의 모습 때문인지 많은 가족들도 함께 눈물을 흘리며 우리는 서로를 위로했다.

그렇게 아버지 학교를 마치고 나서 우리 가정은 서로 간의 사이가 더 돈독해졌다. 그리고 신앙생활에도 긍정적인 역할을 미쳐

나도 지속적으로 아버지학교 스태프로 참여를 하며 다른 아버지들의 회복을 돕고 위로하는 일에 열심히 봉사를 했다. 서로 교제하며 같은 처지를 위로하고 연합하는 것이 이렇게 기쁘고 큰 위로가 되는 일인지는 그동안 몰랐다. 그러나 가장 중요한 예배 뿐 아니라 때로는 이런 교회의 다양활 활동과 프로그램들을 통해서도 하나님은 역사하시고 또 자신의 사랑을 나타내신다는 것을 나는 아버지 학교를 통해 알게 되었다.

2012년 새해 정초를 맞아 딸 은혜와 제주도를 가러 공항에 갔다. 비행기도 타보고 싶고 특히 제주도를 가보고 싶다고 지난 가을부터 계속 졸라 미리 예약을 해둔 날짜였다. 여러 여건이 되지 않아 당일 여행이었지만 그럼에도 하나밖에 없는 딸의 소원을 어떻게든 꼭 들어주고 싶은 아버지의 마음이었다.

은혜는 공항으로 출발하는 새벽부터 계속 기대에 부풀어 있었다. 창가에 앉은 은혜는 처음 타는 비행기인데 무섭지도 않은지 도착할 때까지 눈도 깜박 안하고 바깥 구경을 했다. 제주도에 도착해서는 곧바로 렌트카를 타고 성산포에 들러 일단 사진부터 찍었다. 당일치기 여행이었기에 잠시도 낭비할 시간이 없었다. 그리고는 유람선을 타고 우도로 떠났다.

비행기뿐 아니라 배도 처음 타보는 은혜는 신이 난 듯 좋아했다. 시원한 파도소리를 뒤로 하고 도착한 우도에서 일단 보리칼국수로 점심을 먹었다. 그리고는 곧바로 잠수함을 타러 갔다. 우리 가족뿐 아니라 많은 사람들이 제주도의 맑고 신비한 바다 속을 보기 위해 잠수함을 탔다. 잠수함을 지나가는 많은 열대어들이 보였고 이따금씩 잠수부들도 와서 손을 흔들어 인사를 했다. 다시 배를 타고 돌아와서는 차를 타고 여기저기를 돌아다니며 제주의 정취를 느꼈다. 푸른 풀밭을 거니는 조랑말, 온 지면을 노랗게 물들이고 있는 유채꽃, 동글동글한 귤이 맺힌 나무들... 거니는 곳마다 이곳이 제주도라는 것을 느낄 수 있는 풍경들이 우리 가족의 여행을 값진 경험으로 채워주었다.

이제는 공항으로 이동할 시간이었다. 시간이 너무 짧아 은혜가 좋아하는 회 한 접시 먹지 못하고 떠나는 것이 너무 아쉬웠지만 그래도 이만큼이나 즐거워하는 딸의 모습을 보니 나 역시 행복했다. 떠나는 비행기에서 바라보는 제주 시내의 불빛이 점점 멀어졌다. 창가의 별빛을 보며 다음에는 꼭 회를 배불리 먹고 오자고 은혜의 손을 잡으며 약속했다.

"보라 형제가 연합하여 동거함이 어찌 그리 선하고 아름다운고"

– 시편 133:1

52

큰일 나는 것 보다는

어느새 대학교를 다니고 있는 첫째가 몸이 안 좋아 요즘 걱정이다. 척추측만증으로 매년 검사를 받으며 관리를 해야 하는 상황인데 오른손에 있는 신경섬유종까지 제거해야 한다. 유치원 때부터 수술을 해야 한다고 알고 있었는데 성장이 완전 멈춘 상태에서 제거를 해야 환부가 커지지 않는다는 의사의 조언을 따라 이제야 수술을 하게 된 것이다.

오른손에 무려 30cm나 부풀어 있는 고약한 섬유종이 빨리 아들의 몸에서 떨어져 나갔으면 하는 마음이었다. 20년 동안 매일 원교의 오른손을 잡고 나아만 장군처럼 깨끗하게 피부가 낫는 역사가 일어나게 해달라고 기도를 드렸는데 오늘 드디어 그 결실이 맺어지게 됐다.

손에 하는 수술이었지만 전신마취를 해야 하는 큰 수술이었다. 게다가 애초의 예상과 달리 2시간이 넘게 수술 시간이 지체되었다. 큰일이라도 난 것이 아닌가 싶어 초조해하고 있었는데 아들을 위해 찾아오신 목사님과 교인들의 위로 덕분에 담대하게 마음을 먹었다.

다행히 시간은 좀 지체되었으나 수술은 무사히 잘 되었다. 의사는 워낙 큰 부위라 한 번에 하기는 힘들 것 같아 무리되지 않는 선에서 몇 번 더 수술을 받아야 된다고 했다. 무리하다가 큰일 나는 것보다는 그편이 나도 훨씬 안심이 됐다,

병실로 들어가 마취에서 깬 아들을 보자마자 팔꿈치까지 칭칭 감긴 붕대가 먼저 눈에 들어온다. '얼마나 아팠을까...' 마음이 쨍하고 저려온다. 아들도 분명 힘이 들 것 같아 아들의 손을 잡아주며 격려를 했다.

"지금까지 잘 기다렸고, 수술도 잘 견뎠어. 그동안 20년 넘게 기도하며 준비했으나 끝까지 별 일 없이 깨끗하게 제거될 거야. 하나님께서 너를 사랑하니 걱정하지 말고 치료를 잘 받으렴. 미안하고 고마운 우리 원교 사랑한다."

모처럼 잡아 본 아들의 손은 따뜻했다. 그 사랑이 느껴지는지 오랜 수술에 지쳐있을 법도 한데 아들의 얼굴도 미소가 가득했다.

이후 몇 차례 수술을 더 받아 종양은 제거가 됐고 그 자리에

약간의 흉터만이 남았다. 그러나 지금도 아들의 팔만 보면 내 마음은 편하지가 않다. 자식을 사랑하는 마음은 어떤 부모라도 마찬가지일 것이다. 생명이 위독한 병이라도 내가 대신 앓고, 내가 대신 수술을 받아주고 싶은 마음이다. 백 번이고 천 번이고 자녀를 위해서는 그럴 수 있다.

가끔씩 비록 작은 상처지만 원교가 사회생활 하는데 자신감이 떨어지게 하는 요소가 되지 않을지 걱정이 된다. 그러나 어떤 상황에서도 붙들 수 있는 확실한 우리 하나님이 계시기에, 이미 경험한 그 하나님을 원교도 만나고 꼭 붙잡기를 바라는 마음뿐이다.

그동안 막연히 '나를 향한 하나님의 사랑이 과연 어떤 사랑일까?' 나는 늘 궁금했었다. 그러나 아내를 만나고 자녀를 낳으면서 이제 만분지 일이나마 그 사랑이 어떤 것인지 가늠을 할 수 있을 것 같았다. 백번이고 천번이고 자녀를 위해서라면 목숨까지 내어줄 수 있는, 그러면서도 자녀가 잘되기를 바라는 부모의 이 마음이 하나님의 마음과 닮지 않았을까?

"유월절 전에 예수께서 자기가 세상을 떠나 아버지께로 돌아가실 때가 이른 줄 아시고 세상에 있는 자기 사람들을 사랑하시되 끝까지 사랑하시니라" - 요한복음 13:1

53

마주치는 사람들까지도

더위가 한풀 꺾일 무렵 작은 아들이 택배 아르바이트를 한다고 저녁에 택배 물류창고까지 태워 달라고 한다. 보통 택배상하차 일은 교외에 있는 편이 많아 대중교통으로는 가기가 힘들고 따로 픽업을 받아 가거나 알아서 차를 끌고 가야 한다. 나 역시 10여 년 전 시간제 택배 배송을 했었기에 잘 알고 있었다.

그 힘든 일을 요즘 아이들이, 그것도 우리 아들이 할 수 있을지 걱정이 되어 데려다주는 차안에서 내가 했던 일을 이야기를 해주었다. 목이 말라도 물 한 모금 마실 시간이 없고 허리 펼 시간 없이 찜통더위 속에서 선풍기도 없이 일하는 곳이 택배 집하장이었다.

각오를 단단히 하라고 전해주었지만 일당이 센 편이라 어떻게든 참을 수 있다고 생각했는지 듣는 둥 마는 둥 하다가 내렸다. 다시 집으로 와서 잠을 자고 있는데 핸드폰 벨소리가 울렸다. 받아보니 역시 둘째였다. 도저히 버티지 못하겠다며 데리러 와주면 안 되겠냐는 말이었다.

한 걸음에 차를 달려 둘째를 싣고 왔다. 완전 탈진해 움직일 힘조차 없어보였다. 중간에 새벽까지 하는 분식집에 들러 라면을 시켰다. 내 라면을 두어 젓가락 덜어줬음에도 국물까지 싹 비우는 걸 보니 어지간히 힘들었던 듯싶다. '나 때는 저런 일도 꾹 참고 몇 달씩 잘 버텼는데...'라는 생각이 들었지만 잠깐이나마 세상에 얼마나 힘든 일이 있는지 아는 것도 좋은 경험이겠다 싶어 아무 말을 말았다.

사회복지를 전공한 큰 아들은 드디어 복지원에 취직을 했다. 둘째는 동네 마트에서 아르바이트를 시작했다. 아이들이 벌써 사회에서 일원으로 활동하니 마음이 흐뭇하다. 늘 다니던 대형마트가 아들의 아르바이트 일자리가 될지는 몰랐다.

그러고 보니 정말 그랬다. 무엇이든 나와 상관이 없는 것은 없었다. 길가다 가끔 보는 이름 모를 여객기에도 내가 필요한 물품을 수입하러 가는 회사원이 있을 것이고, 또 실려 오는 물건도 있을 것이다. 한 번도 달려 보지 못한 고속도로라도 그 길이 있기에 우리 가족 식탁에 식자재가 오를 수도 있는 것이다. 전혀 관계없어 보이는 길 가다 마주치는 사람들까지도 내 생활을 돕는 발걸음일 수 있다고 생각하니 갑자기 세상의 모든 것이 소중하게 느껴졌다. 그러니 알 수 없는 사람들이지만 서로 도우며 사는 삶이 얼마나 소중한가 생각하게 된다.

작은 녀석의 아르바이트에 대한 생각 때문에 또 다른 세상을 보는 듯하다. 그러나 거기에 한 걸음 더 나아가 그 모든 것을 가능케 하시는 분이 누구인지를 역시 알아야 한다.

"우리의 도움은 천지를 지으신 여호와의 이름에 있도다"

– 시편 124:8

하나님이 지으셨고, 허락하셨기에, 또 구원하셨기에 어떤 사람이든 소중한 가치가 있고, 그렇기에 이 세상은 돌아가고 있다. 사회는 사람들을 쓸모에 따라, 혹은 성공의 유무에 따라 결정하지만 하나님 입장에서 그런 것들은 아무런 의미도 없을 것이다. 하나님은 공평하신 하나님이시고, 누구나 도우시고 형편에 가장 맞는 좋은 것을 채우시는 하나님이기 때문이다.

54

마음에 품은 소원을

새해를 맞아 첫 회사 출근이다. 매일 반복되는 장소에서 반복되는 일과이지만 어쩐지 모든 것이 새롭게 느껴진다. 사무실에 불을 켜고 보일러를 넣고 두 손 모아 하나님께 감사 기도를 드린다.

"항상 함께 하시는 하나님 올해도 부족한 저에게 지혜와 명철을 주셔서 회사에서 하는 모든 일이 순조롭게 안전하게 진행되길 소망하며 감사드립니다."

그리고 집에 오니 기쁜 소식이 있다. 큰 아들이 첫 월급을 탔는데 대뜸 나와 아내 앞으로 봉투를 한 장씩 내미는 것이었다. 둘째도 아르바이트로 월급을 탔는지 약속이나 한 듯 봉투를 주었다. 힘들게 일해서 번 돈일 텐데 십일조도 떼먹지 않고 부모 용돈까지 챙겨주는 아이들이 얼마나 기특한지 몰랐다. 대견한 마음에 아이들을 안고 축복기도를 해주었다.

"사랑하는 자여 네 영혼이 잘 됨같이 네가 범사에 잘되고 강건하
기를 간구하노라" - 요한 3서 1:1

아이들이 고생해서 번 돈인데 허투루 쓸 수 없었다.

아내와 상의 끝에 10년 동안 써서 그런지 최근 말썽이 잦은 가
스레인지를 교체하기로 했다. 사실 말썽을 부리는 것은 가스레인
지뿐만이 아니었다. 차도 잦은 시동 꺼짐 등과 같은 문제에 시달
리고 있었다. 차는 아무래도 생명과 직결되는 부분이라 바꾸고
싶었지만 매달 나가는 돈이 만만치 않아 섣불리 결정을 못하고
있었다. 그러다 가족회의까지 열었는데 그 마음을 어찌 알았는지
아들 둘이 나를 찾아와 말했다.

"저희가 쓸 돈을 스스로 벌 테니까 앞으로는 용돈을 주지 않
으셔도 돼요."

아이들에게 줄 용돈을 계산하면 새 차를 살 수 있었다.

식구가 많아 승합차를 샀는데 새 차라 그런지 하나부터 열까
지 너무 좋았다. 그리고 작년 이맘때쯤 교회 권사님과 식사를 하
며 나오다가 식당 앞에 세워진 승합차를 보고 무심결에 했던 말
이 생각났다.

"권사님, 저도 아마 내년 이맘때쯤 저 차를 구입하게 될 것 같
네요."

그런데 그 말이 현실이 되었다. 차 종류까지 정확히 일치했다. 마음에 품은 소원은 정말 잠깐이었는데 그 마음을 하나님은 알고 계셨다.

> "사람이 마음으로 자기의 길을 계획할지라도 그 걸음을 인도하는 자는 여호와시니라" - 시편 16:9

당장 시골로 내려가 부모님도 태워드리고 근교로 가 맛있는 음식도 사드렸다. 그리고 이 차를 타고 곧 군대를 가는 둘째를 위해 함께 가족여행을 떠났다. 강원도 속초에서 통일전망대도 가보고 드넓은 산과 바다를 누리며 아들의 군 생활이 평탄하기를 기도했다.

바닷가에서 먹은 매운탕은 평생 잊지 못할 것이다. 온 가족이 바다를 보며 식사를 함께 한 것은 처음 있는 일이었다. 너무나 행복해 세상 그 어떤 부자도, 귀족도 부럽지 않았다. 기쁘게 사진도 찍고 하루 종일 붙어있던 우리 가족들의 이날 추억은 몇 십 년이 지나도 행복한 추억으로 남아 있을 것이다.

55

우연히 들은 한 노래

새 해를 맞아 가정도 교회도 회사도 새로운 힘차게 시작
해야 할 때에 교회에 작은 문제가 생겼다. 별 다른 원
인이 없는데도 그동안 우리와 가깝게 지내던 몇몇 가정이 교회에
서 보이지 않았다. 주일 늦은 오후에 목사님하고 심방을 갔는데
돌아온 대답은 교회를 이미 옮겼다는 싸늘한 말뿐이었다.

그래도 함께 몇 년을 같이 예배드리며 서로를 위해 기도했던
분들인데... 그동안 정들었던 마음을 나는 내려놓지 못하고 같이
섬기며 신앙생활을 함께 하자고 이야기 했지만 마음을 돌릴 수
가 없었다.

그 후로 몇 번이고 더 연락을 했지만 대답은 마찬가지였다. 본
교회를 다시 다녀야 한다는 것이었다. 몇 년 동안 다닌 이 교회
는 그럼 무슨 교회라는 의미일까? 본 교회가 있는데 그동안 왜

다녔다는 말인가? 나는 도저히 이해할 수가 없었다. 그런데 더 어이없었던 것은 함께 심방을 갔던 집사님의 말이었다. 자기도 다음 주부터는 다른 교회에 나갈 것이라며 나에게도 옮길 생각이 없냐고 넌지시 물었다. 나도 그동안 교회를 2번이나 옮겼지만 대부분은 납득할만한 이유나 상황이 있었다. 하지만 이번엔 성도들이 자기들 입맛에 교회가 맞지 않는다고 무작정 떠나는 것 같았다. 이것은 분명 크게 잘못된 일이었다.

신앙생활 정답은 없는 것인데, 많은 성도들이 정답을 찾아 교회를 옮긴다. 그렇게 몇 년 동안 '하나님 나라, 하나님 나라'하며 찾던 성도들이 뭐 하나 입에 안 맞으면 휙하고 냉정할 정도로 뒤도 안 돌아보는 사람들이라는 것이 아이러니했다. 그동안 함께 형제라고 부르고 연합하며 봉사했던 것은 겉모습뿐이었던 것인가?

세상 사람들은 술 한 잔에도 오해를 풀고 서로가 위로하고 하루아침에 친구가 되기도 한다. 그러나 예수님 이름으로 한 지체라고 고백하며 연합하다가도 맘이 떠났다고 순간에 냉정하게 돌아서는 신앙인들의 모습이 너무나도 많다. 모든 교회가 호화로운 건축을 목표로 삼고 있는 것도 성도들의 이목을 끌기 위해서인 것 같다. 그러나 잘못된 가치로 유혹하고, 잘못된 목표를 따라 움직이는 성도들의 마음은 반드시 세상으로 끌려 들어가고 만다. 교회란 무엇일까? 세상에서 방황하는 길 잃은 양을 구원하는 교회의 가장 본질적인 목표를 목사님들도, 그리고 교회에 모이는 우리들도 놓치고 있는 것이 아닌가 종종 생각이 든다.

　여기저기 귀뚜라미 우는 소리와 함께 가을이 찾아왔다.
　퇴근 시간에 차에서 우연히 한 노래를 들었는데 오늘 따라 머릿속에 계속 맴돌며 자꾸 아내 생각으로 이어졌다.
　'내 손에 잡은 것이 많아서 손이 아픕니다
　등에 짊어진 삶의 무게가 온 몸을 아프게 하고
　매일 해결해야 하는 일 때문에
　내 시간도 없이 살다가 평생 바쁘게 걸어 왔으니
　다리도 아픕니다
　내가 힘들고 외로워 질 때 내 애길 조금만 들어 준다면
　어느 날 갑자기 세월의 한복판에 덩그러니 혼자 있진 않겠죠
　큰 것도 아니고 아주 작은 한 마디 지친 나를 안아 주면서
　사랑한다 정말 사랑 한다는 그 말을 해 준다면
　나는 사막을 걷는다 해도 꽃길이라 생각 할 겁니다
　우린 늙어가는 것이 아니라 조금씩 익어가는 겁니다
　내가 힘들고 외로워 질 때 내 애길 조금만 들어 준다면
　어느 날 갑자기 세월의 한복판에 덩그러니 혼자 있진 않겠죠
　큰 것도 아니고 아주 작은 한 마디 지친 나를 안아 주면서
　사랑한다 정말 사랑한다는 그 말을 해 준다면
　나는 사막을 걷는다 해도 꽃길이라 생각 할 겁니다
　우린 늙어가는 것이 아니라 조금씩 익어가는 겁니다
　우린 늙어가는 것이 아니라 조금씩 익어가는 겁니다

저 높은 곳에 함께 가야 할 사람 그대뿐입니다
늙어가는 것이 아니라 조금씩 익어가는 겁니다'

노사연의 「바램」이라는 노래였다. 그날 저녁 침실에 비추는 달빛과 함께 잠든 아내를 바라봤다. 결혼하고 10년은 내가 팔베개를 해주지 않으면 잠을 못 잤던 아내가 이제는 힘든 일을 많이 해서 고단한지 자리에 눕기만 하면 곧 잠이 들었다. 퇴근하며 들었던 노래를 생각하며 곤하게 잠든 아내의 얼굴을 쓰다듬어보고, 머리를 쓸어 올려주고, 손도 잡아보았다. 그리고 아내의 잠이 깨지 않게 나즈막이 읊조렸다.

"여보, 어느새 이제 우리도 중년이 되었어. 우리 이 노래 가사처럼 늙었다고 생각하지 말고 서로 익어간다고 생각하자. 서로 의지하며 도와주며 평생 함께 풍성하게 익어가는 그런 부부가 되자. 사랑해... 정말 사랑해..."

그동안 이 못난 남편 때문에 고생한 아내의 지난 삶이 갑자기 떠오르며 복받쳐오는 감정을 주체할 수가 없었다. 그날 나는 베개를 적실 정도로 뜨거운 눈물을 흘리며 동이 틀 때까지 아내의 손을 놓지 않았다.

"이에 가르쳐 이르시되 기록된 바 내 집은 만민이 기도하는 집이라 칭함을 받으리라고 하지 아니하였느냐 너희는 강도의 소굴을 만들었도다 하시매" - 마가복음 11:17

56

모든 것을 아시고, 들어주시는 분

이제는 나이가 많이 드신 아버지께서 갑자기 쓰러졌다고 연락이 왔다. 작년에도 쓰러지셔서 위험할 뻔 하셨는데 비슷한 증상으로 지금 병원에 가고 계시다고 했다. 마음이 다시 초조해진다. 서둘러 출발해 아내와 함께 병원에 도착했다. 작년에 연락을 받고 병원으로 갔을 때 모습 그대로였다. 머리에 다시 피가 고이신 것이었다.

같은 부위를 두 번이나 수술하신 아버지가 잘 버티실 수 있을지 알 수 없었다. 의식이 겨우 돌아온 아버지의 손을 꼭 잡고 이번 수술로 완치가 되게 해달라고 간절히 기도했다. 금요일에 퇴근을 하고 다시 병원으로 향했다. 아버지께서 많이 쇠약해지신 것이 한 눈에 보였다.

나를 알아보시고 고개만 끄덕이시는 아버지는 조금도 손과 발을 움직이지 않고 계셨다. 그동안 간호로 수고하신 형님을 집에서 쉬시라 하고 어두워진 병실에 아버지와 나 단 둘이 있었다. 무음으로 켜진 TV만이 병실 안을 밝혔다.

나는 아버지의 손을 잡고 있었으나 둘 다 별 말은 하지 않았다. 잠시 의자를 세워 아버지를 앉으시게 하고 식탁을 세워 아버지에 팔을 식탁 위에 올리게 했다. 나는 리모컨을 아버지께 건네드리며 보고 싶은 방송을 보시라고 했다. 아버지는 리모컨을 식탁에 올려놓고 어린아이처럼 이 버튼 저 버튼을 콕콕 눌러보신다. 그러다 다시 눕고 싶으시다길래 뉘어드리고 옆에서 나도 잠을 청했다. 일어나니 아버지는 이미 깨어 계셨다. 그리고 잠시 뒤 낮에 엄마와 누나, 매형이 오셨다. 엄마는 아버지의 손을 잡아주며 내가 누군지 아냐고 물어보셨는데 아버지는 말없이 고개만 끄덕이셨다. 많이 기력이 약해지신 것 같다. 누나도 매형도 돌아가며 말을 건넸지만 대답 대신 고개만 살짝 흔드셨다. 토요일 밤 다시 형을 쉬라고 집에 보내고 내가 아버지와 함께 있었다.

이제는 기력이 많이 회복되셔서 나지막한 목소리로 내일 교회는 안가냐고 물으셨다. 그 상황에서도 자식 걱정을 하시는 아버지가 참으로 고마웠다. 내일 아침 일찍 안 빠지고 갈 테니 걱정하지 마시라는 나의 말에 안심을 하신 듯 잠을 청하셨다. 아버지의 잡은 손에서 접어진 새끼손가락이 느껴진다. 가족을 부양하다 힘줄이 끊어져 평생 접힌 채로 사신 아버지... 그 손가락을 느끼며 50년간 나를 위해 헌신하신 부모님께 나는 도대체 무엇을 해드렸나 하는 자책감이 가슴 속에 사무쳤다.

　새벽 5시경 형수님께서 교대해주러 일찍 오셨다. 잠든 아버지의 손을 잡고 기도를 한 뒤 새벽길을 달려 더 간절한 마음으로 예배를 드렸다. 그리고 아버지는 기적적으로 건강이 회복되어 예상보다 건강하게 퇴원을 하셨다. 과연 하나님을 모든 것을 아시고 모든 것을 들어주시는 분이었다.

> "예수께서 아시고 거기를 떠나가시니 많은 사람이 따르는지라 예
> 수께서 그들의 병을 다 고치시고" - 마태복음 12:15

　매일 최고 기온을 갱신하며 폭염 특보가 일상인 무더운 여름, 우리 가족들도 모두 지쳐있었다.

　아내는 아직 방학 전이라 학교 급식일이 바빴다. 무더운 날씨에 수많은 학생들 점심과 석식까지 준비하는 것이 보통일이 아니라 항상 파김치가 되어 돌아왔다. 매년 연말마다 일을 이제 쉬라고 말해도 아직은 아니라며 지금까지 일을 하고 있는 아내를 볼 때마다 너무 미안하고 안쓰럽다.

　큰 녀석은 취업이 되지 않아 더운 날씨에 더 힘들어 하는 것 같았고 둘째 녀석은 아르바이트를 마감하고 제대 후 대학에 복학을 한다며 조심히 학비 이야기를 꺼냈다. 우리 가족 모두는 한 여름의 더운 날씨보다 더 답답한 저마다의 일들로 자기 삶의 자리에서 고민하고 또 싸워가고 있었다. 이럴 때일수록 더욱 가족이 똘똘 뭉쳐 이겨내야 할 것 같아 여름휴가 기간을 온 식구가

맞춰서 2박 3일로 거제도 가족여행을 떠나기로 계획했다. 금요일 각자 일을 마치고 모인 온 식구들은 거제도로 신나게 출발했다.

운전병으로 군대를 다녀온 둘째와 교대로 운전을 하니 훨씬 수월했다. 아이들이 막 태어났을 때부터 최근까지 가족들이 어디 갈 일이 있으면 운전은 나의 몫이었는데 세월이 벌써 이렇게 흘렀나 싶어 감회가 새로웠다.

7월의 마지막 날인데도 도로는 한산했다. 우리는 낮의 푸른 하늘과 밤의 별빛을 즐기며 때때로 휴게소도 들러 가며 지루한 이동길을 가족 간의 대화의 시간으로 삼았다. 새벽 1시가 되어서야 거제도에 도착했다. 먼저 가까운 도로변의 모텔에 큰 방을 얻어 오랜만에 다섯 식구가 한 방에서 밤을 보냈다.

다음 날 아침부터 본격적인 여행이 시작되었다. 늦은 밤이라 미처 보지 못했던 거제도의 풍경이 한눈에 들어왔다. 제주도에만 있는 줄 알았던 열대식물들이 거제도에도 줄줄이 심겨 있었고, 하늘이며 바다며 어느 것 하나 푸르지 않은 것이 없었다. 서둘러 외도로 가는 유람선을 타고 도착한 외도는 우리나라로는 도저히 생각되지 않을 정도로 신비로운 곳이었다. 섬의 곳곳을 온 가족이 몰려다니며 즐거운 추억을 사진에 담았다. 그러고는 다시 거제도로 돌아와 해안도로를 타고 드라이브를 했다. 길가에 만개한 수국이 우리 가족을 반기는 것 같았다.

오후에는 숙소에 짐을 풀고 바로 앞에 있는 해수욕장으로 달려갔다. 뜨거운 태양도 시원한 바다 앞에서는 아무 힘도 쓰지 못했다. 해수욕을 즐기며 즐거운 오후를 보낸 뒤 숙소로 돌아와 캠핑장에서 바비큐 파티를 벌였다. 저마다 힘든 일이 있었지만 이번 여행만큼은 우리 가족 얼굴에서 웃음이 떠나질 않았다. 서로 고기를 싸서 먹여주며 화기애애하게 저녁 일정을 마무리 하고 거제도에서의 마지막 일정을 시작했다.

마지막 일정은 유명 관광지를 돌아다녀서 그런지 사람들이 너무나 많았다. 멋스러운 커다란 풍차가 있는 언덕에서 우리 가족은 오랜 시간을 기다려 겨우 사진을 찍었지만 기다린 보람이 있을 만큼 사진이 잘 나왔다. 영화포스터 컨셉으로 인화를 했던 가족사진은 싱그러운 미소를 담아 즐거웠던 거제도의 추억과 함께 지금 우리 집 거실에 걸려있다.

지금 당장 우리 가족의 미래가 어두워 보일지라도 이렇게 함께 함으로 웃고 또 힘을 낼 수 있는 것은 아내를 만나고, 자녀가 생기고, 이렇게 가족이 된 것 자체가 하나님의 은혜이며, 지금까지 책임져주신 것처럼 앞으로도 책임져 주실 것이라는 하나님의 말씀이 있기 때문이다. 그 믿음과 확신이 있기에 우리 가족은 언제나 함께할 때마다 웃을 수 있고, 다시 일어설 수 있다.

'믿음은 바라는 것들에 실상이요 보이지 않는 것들에 증거니 선진들이 이로써 증거를 얻었느니라' - 히브리서 11장 1-2

57

하나님이 원하시는 빛과 소금

나는 가끔 자연을 보며 깊은 생각을 한다.

어렸을 때부터 콩을 보며 많은 생각을 했고, 또 많은 깨달음을 얻었다. 나의 어린 시절 고향에서는 콩을 이렇게 타작했다. 여름 빗물에 파해진 곳을 황토를 실어다 파해진 곳을 메꾸어 마당질을 한다. 도리깨질로 콩을 후려치면 꼬투리에서 튀어나와 마당에 떨어진다. 그렇게 맞는 과정을 거쳐 알곡이 된 콩 하나를 보면 모양은 사람에 머리모양과 비슷하다.

콩을 한 알만 놓으면 교만해보이고 조금만 건드려도 제자리에 있지 않고 굴러간다. 그러나 뭉쳐 놓으면 여간해서는 어디로 구르지도 않고 제자리를 잘 지킨다. 나는 이 과정이 참 하나님이 우리를 다루시는 것과 비슷하다고 느꼈다. 이런 저런 과정을 통해 정신을 차리게 되고 하나님의 자녀로 자리를 잡지만 거기서 지혜롭게 연합하지 못하면 교만해지고 다시 꼬꾸라지고 만다.

"여호와 하나님이 가라사대 사람의 독처하는 것이 좋지 못하니 내
가 그를 위하여 돕는 배필을 지으리라 하시니라" - 창세기 2:18

창세기의 이 말씀은 돕는 배필인 남녀뿐 아니라 모든 우리 존
재에 필요한 내용이다. 예전에 부모님이 콩을 심을 때면 꼭 두 개
씩을 흙속에 심으셔서 이유를 물어보았다. 그랬더니 하나씩 심
을 때보다 두 개씩 심을 때 수확이 더 많다며 아마도 서로 의지
해서 그런 게 아닐까라고 말씀해주셨다. 실제로 콩을 수확해보
며 부모님의 말씀이 사실이라는 것을 나도 확인할 수 있었다. 콩
뿐 아니라 대부분의 곡식은 하나보다는 둘, 셋이 함께 자라서 배
로 많은 수확을 거둔다.

콩나물도 마찬가지다 싹이 트여 꽁지가 생기면 물이 잘 빠지
는 용기에 넣고 물을 주기 시작한다. 며칠이 지나 씌어놓은 보자
기를 들어 올리면 신기할 정도로 고르게 자라 있다. 만약 콩을
하나만 싹을 틔어 물을 주고 덮어 놓았다면 콩은 제대로 자라지
못하고 누워 있을 것이다. 콩나물도 혼자서는 자라지 못한다. 아
무리 잘난 사람도 그 사람 혼자만 있으면 외로울 뿐이다.
또 이런 콩들은 쓰임에 따라 장의 재료도 되었다가, 무침도 되
었다가, 두부도 되었다가 여러모로 필요에 따라 쓰임을 받는다.
이것 역시 우리들이 하나님의 다양한 부르심에 순종해야 하는

것과 일맥상통한다고 생각한다.

모름지기 하나님을 믿고 따르는 신앙인이라면 내 모습을 드러내기보다 예수 그리스도께서 우리에게 주신 사명을 매개로 거룩한 공동체로 함께 모여 의지하는 한 몸이 되어야 한다. 그래야 하나님이 원하시는 세상의 빛과 소금이 될 수 있고 어두운 밤바다를 비추는 등대의 역할을 감당할 수 있다.

"이같이 너희 빛을 사람에게 비취게 하여 저희로 너희 착한 행실을 보고 하늘에 계신 너희 아버지께 영광을 돌리게 하라"
- 마태복음 5:16

58

스스로 성장할 수 있도록

초등학교 시절 마을에서 보았던 풍경 중에 양잠이라고 누에고치를 생산하는 일이 있었다. 봄이 되면 부화가 막 된 누에를 작은 상자에 담아 뽕잎을 잘게 썰어 올려준다. 눈에 보기에도 아주 작은 누에는 손으로 만질 수 없을 정도여서 갓 태어난 아기처럼 조심스럽게 닭 깃털로 살살 밀어가며 음식을 먹게 하며 길렀다. 누에는 하루가 다르게 자란다. 내가 하는 일은 먹이를 먹으러 오지 못하고 뒤처진 누에들을 위해 따로 먹이를 주는 것이었다. 같은 누에지만 그 와중에도 자라는 속도가 차이가 있어 그냥 두면 움직임이 빠른 누에들만 먹이를 먹고 늦게 오는 것들은 굶어서 말라 죽고 만다.

그렇게 성충까지만 돌봐주면 그 다음부터는 잎을 썰어 주지 않고 가지를 올려주어도 알아서 잎을 먹는다. 그때쯤 비단실을 만들 정도로 성장한 상태다. 양껏 잎을 먹어 비단실이 누에 몸속에 가득차면 누에는 뽕잎을 먹지 않고 입에서 비단실을 토해 내며 누에고치를 만들기 위해 자리를 잡는다. 조심스레 올려준 섶에서 누에는 자기만의 예쁜 집고치를 만들어 낸다. 눈보다 더 하얀 고치가 온 섶에 열매처럼 달려있다. 그러나 제때 뽕잎을 먹지 않은 누에는 집을 반도 못 짓는다. 그러다 결국 집을 제때에 완성하지 못하면 결국 죽어 섶 밑으로 떨어진다.

이 과정을 통해 완성된 누에는 비단을 뽑아내 옷감이 된다. 우리 신앙도 이와 비슷한 듯하다. 하나님은 계속해서 은혜의 뽕잎을 우리에게 주신다. 나처럼 늦게 믿은 사람도 있고, 또 태어날 때부터 믿은 모태신앙도 있겠지만 하나님은 누구나 고치를 만들 수 있게 고루고루 은혜를 주시고 믿음의 때를 허락하신다.

그러나 그 은혜를 알았다 하더라도 계속해서 스스로 성장할 수 있도록 준비하고 노력하지 않으면 결국 고치를 완성하지 못하게 된다. 성경에도 이와 비슷한 이야기가 있다.

"그중의 다섯은 미련하고 다섯은 슬기가 있는 자라 미련한 자들은 등을 가지되 기름을 가지지 아니하고 슬기 있는 자들은 그릇에 기름을 담아 등과 함께 가져 갔더니 신랑이 더디 오므로 다 졸며 잘 새 밤중에 소리가 나되 보라 신랑이로다 맞으러 나오라 하매 이에 그 처녀들이 다 일어나 등을 준비 할 새 미련한 자들이 슬기 있는 자들에게 이르되 우리 등불이 꺼져가니 너희 기름을 좀 나누어 달라 하거늘 슬기 있는 자들이 대답하여 이르되 우리와 너희가 쓰기에 다 부족할까 하노니 차라리 파는 자들에게 가서 너희 쓸 것을 사라 하니 그 들이 사러 간 사이에 신랑이 오므로 준비하였던 자들은 함께 혼인잔치에 들어가고 문이 닫힌지라 그 후에 남은 처녀들이 와서 이르되 주여 주여 우리에게 열어 주소서 대답하여 이르되 진실로 진실로 너희에게 이르노니 내가 너희를 알지 못하노라 하였느니라 그런즉 깨어 있으라 너희는 그 날과 그 때를 알지 못하느니라" - 마태복음 25:2-13

우리의 신앙도, 위의 비유도, 누에 이야기와 같다고 생각한다. 갓 부화한 누에는 아주 조심스럽게 보살펴 준다. 그러나 성충이 될수록 뽕잎을 열심히 먹어 예쁜 고치를 만들어야 한다. 이처럼 우리 신앙도 처음에는 여러 사람의 기도와 도움으로 시작되었을지언정 여러 가지 시험을 만나도 게으르지 않고 말씀과 기도, 예배로 깨어 있는 다섯 처녀처럼 준비해야 한다. 사람과의 관계, 물질관계도 슬기롭게 어려움들을 극복해야 한다.

그렇게만 한다면 우리의 생활이 하나님의 말씀으로 채워지면서 여러모로 향기롭게 드러날 것이다. 비단결처럼 아름답게 쓰임 받을 것이다. 우리의 삶으로 구원받는 사람들이 날마다 더해지고 나의 행실이 예수 그리스도의 모습을 비추는 거울이 되어 세상을 떠나는 그날까지 하나님의 기쁨이 되는 삶으로 살다가 우리들의 본향인 천국에 가게 될 것이다.

주님께 영광을!

책을 내겠다는 목적을 가지고 글을 쓰기 시작한지 만 3년이 되었다. 미천한 삶이라도, 열악한 상황이라도 전해야 할 이야기가 있고, 그 이야기가 반드시 도움이 될 것이라는 믿음이 있었다.

늦게나마 신앙생활을 하면서 체험한 놀라우신 하나님과 우리의 삶은 결국 서로 도우며 살아야 하는 것이 하나님의 뜻이라는 것을 글로 남기고 싶었다. 많은 성공한 사람들, 지식인들의 책이 홍수처럼 쏟아지는 시대에 나의 글은 한낱 잡초와도 같을지도 모른다. 그러나 그런 잡초 같은 사람이라도, 하찮아 보이는 인생이라도 중요한 목적이 있고, 알아야 할 사실이 있다는 것을 전하고 싶었다. 단 한명에게라도….

많은 사람들의 도움으로 우리가 생각지도 못한 문명이 세워지고 지금 모두가 영유하고 있는 것처럼 하나님은 직접 흙으로 사람을 창조하시고 모든 사람이 마땅히 할 일을 주셨다. 사람이 보기에는 사람이 달라 보이고, 어떤 사람은 쓸모없어 보이기도 하지만. 성경에는 '하나님이 지으신 그 모든 것을 보시니 보시기에 심히 좋았더라'(창세기 1:31)고 분명히 나와 있다.

이 말씀은 지금 우리에게도 마찬가지이다. 하나님은 내가 어떤 상황에 처해 있든, 무슨 일을 하든 여전히 보시기에 좋다고 말씀하신다. 이 사실을 모르고 잘못된 선택을 하는 사람들이 있다. 자기 이익만을 위해 남을 속이고, 죄를 저지르고, 수많은 사람들을 불행하게 하는 사람들이 너무나도 많다.

그러나 우리는 하나님이 창조하신 이 세상에서 어떤 의지나 선택이 없이 태어났다. 하나님의 지으심으로, 하나님이 정하신 때에, 하나님이 바라시는 모습으로 태어난 것이다.

그렇게 인생이란 역의 출발지는 나의 의지와는 상관없이 주어졌다. 그러나 이 기차가 어디로 가는지, 종착역은 어디인지는 모두가 알아야 하지 않겠는가? 성경에는 '한번 죽는 것은 사람에게 정해진 것이요 그 후에는 심판이 있으리니'(히브리서 9:27)라고 분명히 나와있다.

죽음을 누구나 피할 수 없다는 것은 세상의 모든 사람이 알고 있다. 모든 생명에는 끝이 있다. 그러나 그 뒤의 심판도 알아야 한다. 지나온 인생이 구원을 바라기에는 너무나 잘못이 많더라도 괜찮다. 종착역에 멈추기 전이라면 아직 시간이 남아있기 때문이다.

행위로 보나 무엇으로 보아도 천하에 티끌만큼도 잘한 일이 없는 죄인이라도 성경은 이렇게 말씀하신다.

"주 예수를 믿으라 그리하면 너와 네 집이 구원을 얻으리라"

- 사도행전 16:31

살면서 이런 저런 힘든 일을 겪어보지 않은 것이 없다. 배운 것이 없어 온갖 힘쓰는 일은 다해보고, 믿었던 선배에게 크게 사기도 당하고, 사업도 실패했었다. 그러나 그 많은 일 중에서 지금도 결코 후회하지 않는 것 중 하나는 나를 불쌍히 여겨주시고 구원해주신 사랑의 하나님을 믿은 일이다.

"너희가 그 은혜를 인하여 믿음으로 말미암아 구원을 얻었나니 이것이 너희에게서 난 것이 아니요 하나님의 선물이라" - 에베소서 2:8

돈으로 살 수 없고 행위로 만들 수 없는 선물, 하나님이 주신 최고의 선물! 예수 그리스도다.

"하나님이 세상을 이처럼 사랑하사 독생자를 주셨으니 이는 저를 믿는 자마다 멸망하지 않고 영생을 얻게 하려 하심이라"

- 요한복음 3:16

하나님을 아는 것이 지혜고, 만나는 것이 축복이고, 믿는 것이 은혜다. 그러나 모르는 것이 무지이며, 외면하는 것이 미련이고, 끝까지 믿지 않는 것이 심판이다.

"어리석은 자는 그 마음에 이르기를 하나님이 없다 하도다"
- 시편 53:1

하나님의 손길은 세상의 그 어디를 보아도 보이고 느껴진다. 내가 낳은 아이가 다른 집에 가서 다른 사람을 부모님 아버지로 부른다면 그 자식을 낳은 부모님의 마음은 얼마나 아플까?

심판을 피하고 천국에 갈 수 있는 복음은 지금도 전해지고 있다. 믿고 안 믿고는 자유이지만 그 책임은 자유가 아니다.

혹시 예수 그리스도를 믿지 않는 분이 이 글을 보셨다면 잠시 창밖을 바라보거나 길을 거닐면서 온 세상에 가득한 하나님의 영을 느껴보시길 바란다. 하나님을 의식하고자 하는 약간의 노력만으로도 온 세상에 살아 계신 하나님을 만나게 될 것이다.

그리고 예수 그리스도를 믿다가 상처가 되어 낙심하여 있는 분은 새로운 마음으로 하나님에 첫 사랑을 회복하시길 바란다. 교회를 두 번이나 옮기면서 새롭게 시작하는 일이 얼마나 힘든 것인지는 나도 잘 안다. 그러나 하나님은 우리의 신앙이 어디서나 바로 서길 가장 원하시기 때문에 몸과 마음을 추스르고 다시 일어설 원동력을 이 책을 통해 조금이라도 얻으셨으면 좋겠다.

마지막으로 이미 예수 그리스도를 믿고 잘 따르는 분들은 더욱 열심히 신앙생활을 하시기를 바란다. 그것이 하나님이 바라시는 것이며 그런 분들이 많아질 때 세상에서 말씀이 흥왕하여지고 믿는 자들이 더욱 늘어날 것이다. 이런 일들에 조금이지만 도움이 되고자 하는 것, 내가 만난 하나님을 단 한 명에게라도 전하는 것, 그것이 바로 이 책을 쓴 나의 목적이다.

"맡은 자들에게 구할 것은 충성이니라" - 고린도전서 4:2

말씀을 지키는 삶으로 이웃들에게 예수 그리스도에 향기가 되길 바란다. 하나님의 구원의 은총이 모든 사람들에게 있기를 예수 그리스도의 이름으로 기도한다. 아멘

주님께 큰 은혜 받은 자

신명호

망망한 바다 한가운데서 배 한 척이 침몰하게 되었습니다.
모두들 구명보트에 옮겨 탔지만 한 사람이 보이지 않았습니다.
절박한 표정으로 안절부절 못하던 성난 무리 앞에 급히 달려 나온 그 선원이
꼭 쥐고 있던 손바닥을 펴 보이며 말했습니다.
"모두들 나침반을 잊고 나왔기에 … "
분명, 나침반이 없었다면 그들은 끝없이 바다 위를 표류할 수 밖에 없을 것입니다.

우리는 삶의 바다를 항해하는 모든 이들을 위하여
그 나침반의 역할을 하고 싶습니다.
우리를 구원하신 위대한 주 예수 그리스도를 널리 전하고 싶습니다.

"하나님은 모든 사람이 구원을 받으며
 진리를 아는 데에 이르기를 원하시느니라"
(디모데전서 2장 4절)

좋은 것으로 만족하며 삽니다

지은이 | 신명호
발행인 | 김용호
발행처 | 나침반출판사

제1판 발행 | 2017년 5월 20일

등   록 | 1980년 3월 18일 / 제 2-32호
주   소 | 07547 서울특별시 강서구 양천로 583
          블루나인 비즈니스센터 B동 1607호
전   화 | 본사 (02) 2279-6321 / 영업부 (031) 932-3205
팩   스 | 본사 (02) 2275-6003 / 영업부 (031) 932-3207
홈   피 | www.nabook.net
이메일 | nabook@korea.com / nabook@nabook.net

ISBN   978-89-318-1536-8
책번호 가-9058
값은 뒷표지에 있습니다.